DU MÊME AUTEUR

Aux Éditions Gallimard

SIRÈNE

LA GIRAFE

ANATOMIE D'UN CHŒUR

L'HYPNOTISME À LA PORTÉE DE TOUS

MARIE NIMIER

L'HYPNOTISME
À LA PORTÉE DE TOUS

roman

nrf

GALLIMARD

L'auteur remercie le Conseil général du Val-de-Marne pour son précieux concours et tient à remercier également l'Association d'Art de La Napoule pour son hospitalité.

L'hypnotisme est tout simplement la fusion du *(frissonnant)* BRR !... et du BZING... pas autre chose.

ALFRED GUILLON

La volonté que nous revendiquons si fièrement cède toujours le pas à l'imagination, c'est une règle absolue.

ÉMILE COUÉ

I

Que n'ai-je refermé ce livre dès la première page, le premier mot ? *L'hypnotisme à la portée de tous* commençait ainsi : « A chaque inspiration, et pour quelques fractions de seconde, le sommet de votre crâne devient translucide. Notre cerveau est une éponge gorgée de sang. Si vous tournez les globes oculaires vers le haut, vous observerez en pleine lumière ses multiples circonvolutions. »

Les objets qui traînent dans les toilettes de province révèlent parfois d'étranges vocations. J'aurais pu me passionner pour les champignons, la voltige ou les points de croix, mais non : il fallait que je tombe sur un traité d'hypnose. Suivant à la lettre les suggestions de son auteur, je me gorgeai d'air et, le temps d'un éclair, j'aperçus à l'intérieur de ma tête une chose qui ressemblait à de la cervelle de mouton. Nulle matière spongieuse ou sanguinolente, mais de façon certaine un tas de bourrelets en suspension dans une sauce gélatineuse.

J'avais dix ans, une imagination à toute épreuve et déjà des cernes sous les yeux.

Encouragée par ce résultat, je m'apprêtais à renouveler

l'expérience lorsque j'entendis des pas résonner dans le couloir. Mes parents s'ennuyaient, sans doute me cherchaient-ils, j'étais leur seule distraction. Ils regrettaient d'avoir loué cette maison pour les vacances. Je tirai le loquet et m'installai sur la lunette du petit coin. Les pieds ballants, avec la ferme intention de ne pas me laisser interrompre, je repris le fil de ma lecture.

« Souvenez-vous de ces craies rouge sombre, à l'école, la couleur de ces craies mouillées par l'éponge, la manière dont elles s'écrasaient sur le tableau noir. Maintenant que vous avez adopté une position plus confortable... »

Je sursautai. Par quel miracle l'auteur avait-il deviné que je venais de m'asseoir ? J'eus l'impression désagréable que les mots me regardaient, ils bougeaient même, des oscillations à peine perceptibles, mais régulières.

C'est à cet instant précis qu'il aurait fallu poser le livre sur l'étagère, pourtant je continuai.

Une phrase encore, pensai-je, la dernière, puis une autre, non sans appréhension une troisième. « Vous allez compter jusqu'à cinq sans cligner des paupières — je lisais toujours — et chaque fois qu'un nombre s'inscrira sur cette page, vous le prononcerez mentalement. Vos yeux resteront ouverts, où que vous soyez et quoi qu'il advienne, puis au chiffre cinq se fermeront. Je vais commencer, tout se passe comme si rien d'autre n'existait — UN — et tandis que votre regard reste fixé sur le texte qui défile, les muscles de votre cou se détendent, DEUX, par la seule force de votre désir, et seulement au chiffre cinq, vous vous reposerez. Imaginez la partie translucide de votre crâne — TROIS — le contact de la craie mouillée sur le tableau noir. Vous savez qu'à votre réveil, une force irrésistible vous conduira à emporter ce livre. Immédiatement, dès que vous recommencerez à le parcourir, vous retomberez dans un état de bien-être profond. Rien ne peut interrompre votre respiration, paisible, mesurée. A chaque expiration, les lettres se détachent, vous distinguez chaque consonne, chaque voyelle, vous suivez chaque virgule jusqu'au dernier point, sans ciller, jusqu'au point final. Vous sentez de légers picotements sur la rétine, quelque chose comme des tiraillements, mais vous continuez à lire, en toute confiance, vous avancez de plus en plus difficilement cependant car vous prenez conscience des espaces irréguliers qui séparent les mots. Vous prononcez intérieurement le chiffre QUATRE, vous remarquez le grain du papier, tous ces espaces vides, ces espaces collants entre chaque ligne, vos paupières sont lourdes et chaudes, elles commencent à descendre, si lourdes qu'aucune volonté ne pourra les empêcher de s'abaisser, lentement, votre regard se détache, il n'y a plus rien à faire, plus rien à voir, plus besoin de résister — CINQ — vous respirez, vous êtes calme, vous dormez. »

II

Si seulement, au lieu de fermer les yeux, j'avais trouvé le courage de refermer le livre, mais voilà : au chiffre fatidique, *L'hypnotisme à la portée de tous* m'échappa des mains. Je ne fis pas un geste pour essayer de le retenir, il était si bon de se laisser envahir par cette douce torpeur, et je vis le chiffre CINQ se dessiner en lettres rouges, je me rappelle avoir compté jusqu'à sept, par provocation, afin de me prouver que j'aurais pu résister, si j'avais voulu, mais je ne voulais plus, ça ne servait à rien, ça ne valait pas la peine.

Ma mère m'appelait, « Cora, Cora ! », mon père tambourinait contre la porte. Je repris connaissance. Le traité avait atterri à mes pieds. Je le ramassai et le coinçai sous la ceinture élastique de ma jupe avant de tirer la chasse d'eau.

« Cora, ma chérie, qu'est-ce qu'il y a ? Tu es malade, ça ne va pas ? »

Je sortis en me tenant le ventre pour que le livre ne glisse pas. Cuisses serrées, socquettes basses, j'attendis le verdict familial. Ma mère soupira, un de ces soupirs profonds dont elle avait le secret.

« Diarrhée, lâcha-t-elle enfin, il fallait s'y attendre, trop de fruits, c'était couru d'avance, l'été, les vacances, trop de crudités. »

Combien de temps étais-je restée enfermée ? Mon père me demanda si je me sentais mieux. Je ne répondis pas, je crois que je dormais encore. Peut-être, au fond, ne me suis-je jamais réveillée de ce sommeil-là. Cette impression d'être lue par les mots, de n'exister qu'à travers le regard du livre...

Ma mère se mit à me tapoter la joue. Elle portait un bandeau qui relevait ses cheveux, des mèches décolorées tombaient en cascade par-dessus le tissu à fleurs, elle ressemblait à un gros chien. J'imaginai son cerveau. Il m'aurait suffi de monter sur un tabouret pour voir ses bourrelets gélatineux par la lucarne, les bourrelets de ma mère, en écartant les poils.

Le traité d'hypnose resta sous l'armoire de ma chambre, jusqu'à la fin des vacances. La peur, l'émotion, enfin une sorte de pudeur me retenaient de poursuivre ma lecture. Parfois, je le tirais hors de sa cachette. Sur sa couverture se dessinait une spirale. Mon index glissait le long de ses courbes, au centre il s'arrêtait. Le cœur battant je le repoussais, avec le sentiment d'avoir enfreint une loi dont j'aurais été bien en peine d'énoncer les termes. Ainsi la décision se prit, presque malgré moi, sans que je puisse expliquer ni pourquoi ni comment elle s'était imposée : je lirais ces pages au compte-gouttes afin que le traité m'accompagne jusqu'au jour de ma majorité — alors seulement je m'accorderais le droit de le finir. A dix-huit ans, pensai-je, pas avant, et cela me paraissait très loin.

Pour l'heure, riche de son premier chapitre, je mettais en pratique mes toutes nouvelles connaissances en matière d'hypnose. J'invoquais l'image de la spirale et fixais mon attention sur n'importe quel document imprimé, de préférence inconnu, sans distinction de langue ni de sujet. Une fidélité enfantine me poussait à ne voir dans ces textes que des supports, des prétextes en quelque sorte, succession de caractères que le hasard mettait à ma disposition. Il n'existait plus pour moi qu'un seul livre, celui de la maison louée, celui qui révélerait tous les autres, à moins qu'il ne les effaçât — et cela revenait bien au même. A dix ans, ce genre de raisonnement m'était familier. Mes parents ne comprenaient pas de qui je tenais cette tournure d'esprit. Ils me considéraient déjà comme une étrangère.

En apparence, je dormis beaucoup cet été-là. En apparence, mais en vérité je dormis plus encore, car même debout il m'arrivait de somnoler — bien que de sommeil ou de somnolence il ne fût pas question, j'employais ces termes et leurs déclinaisons à défaut d'en trouver un autre, plus juste, qui désignerait cet état intermédiaire de la conscience, cet état subtil, sans l'écraser. Parler d'hypnose ou d'hypnotisme m'intimidait encore. Ce langage appartenait à l'auteur du traité, je ne me sentais pas en droit de l'utiliser. Transe, torpeur, léthargie ? Je pensais à la Belle au Bois Dormant, ses mains fines reposant sur les draps — mais qui donc lui coupait les ongles ? —, cette confiance à toute épreuve :

apathique et glacée, elle savait que le Prince viendrait la chercher. Ça lui suffisait.

Moi, je n'attendais personne. Je ne voulais pas me réveiller, ni laisser à quiconque le soin de rompre le charme. Le temps ne s'arrêtait pas, même si les chiffres me berçaient, je n'étais pas indifférente : je voyais tout au contraire, très précisément, mais de plus loin, d'un regard venant de l'intérieur de mon propre corps. Alors le monde sans résistance s'offrait à mes observations. Les images défilaient, cocasses, généreuses. Je comptais à l'endroit, à l'envers, je dénombrais les rayures sur le papier peint ou recensais les différentes couleurs qui composaient la chevelure maternelle. Il y avait là cinq sortes de jaune, du beige, un peu d'orange, quelques reflets bleutés. Et les racines (ah ! les racines), rebelles, d'un marron vigoureux qui d'abord se devina en transparence puis gagna peu à peu du terrain jusqu'à conquérir l'ensemble du cuir chevelu. J'aurais aimé mesurer chaque semaine son inéluctable progression mais je me retins, ma mère n'aurait pas compris.

Ainsi, grâce au livre, et avec un bonheur croissant, m'adonnai-je jusqu'à la fin des vacances aux petites obligations familiales. Ce qui hier me pétrifiait d'ennui servait aujourd'hui de base à mon entraînement quotidien. Mon comportement extérieur ne changea guère, mais au fond, derrière la peau, je rêvais confortablement. Les fastidieuses parties de dominos avec mes parents m'apparurent sous un jour nouveau. Tout semblait si facile. Ils jouaient pour me faire plaisir, je jouais pour leur faire plaisir en leur donnant l'illusion qu'ils me faisaient plaisir, ni eux ni moi ne nous amusions : nous assouvissions nos besoins respectifs de nous rendre utile.

Aurait-il fallu de surcroît nous punir mutuellement en passant un mauvais moment ? Je fixais le labyrinthe formé par les dominos, choisissais un des points sombres et m'y plongeais comme dans un bain chaud.

Parfois, sans que rien ne le laissât prévoir, ma mère provoquait quelques remous. Elle se levait brusquement et allumait la radio. Elle résistait moins bien que mon père aux contraintes estivales. Depuis le 15 août et l'arrivée des orages, elle souffrait de migraines. Ses plaintes me touchaient de façon modérée : je savais que dès la reprise du travail ses maux de tête s'envoleraient.

Ma mère tenait un magasin de nouveautés dans la rue principale de Sagny. Elle avait gardé l'ancien nom, Crinoline, au singulier. Nous habitions à deux pas de la boutique, en face de l'hôtel, après la pharmacie. Un rêve, selon mes parents.

Le jour de notre départ, les propriétaires de la maison louée ne firent pas la moindre allusion à la disparition du traité. Pourtant, listes en main, ils avaient inspecté un à un chaque placard, ainsi que les étagères des toilettes, avant de nous rendre le chèque de caution. Mon père était furieux. Pour qui les prenait-on ? Des voleurs, peut-être, de vulgaires petites crapules ! Juste au moment de partir, il déroba une moulinette à légumes qu'il jetterait quelques kilomètres plus loin dans un fossé, au bord de la nationale.

« Ça leur apprendra », commenta-t-il d'un ton ferme.

Il semblait convaincu de la portée éducative de son geste.

Contre toute attente, le voyage de retour fut assez rapide. Arrivée à Sagny, je m'enfermai dans ma chambre pour sortir le livre des bagages. Alors que je le glissais sous l'armoire, un hurlement en provenance de la cuisine me fit sursauter. « Mon thon, criait la voix maternelle, mon thon, mon thon entier ! »

A l'entendre, on aurait pu croire que le poisson avait ressuscité. Je l'imaginais dévisageant ma mère de ses yeux glauques, sans animosité, un peu étonné seulement de voir cette chose gesticuler devant lui.

J'accourus. Le spectacle qui m'attendait dépassait toutes mes espérances. Je compris que j'avais eu raison de ne pas me précipiter pour reprendre la lecture du traité d'hypnose. Tôt ou tard, j'en avais l'intuition, quelque manifestation incongrue viendrait bouleverser ma réserve. Alors le livre se rouvrirait de lui-même.

Le signe prophétique, en l'occurrence ces larges traînées de sang sur la porte du réfrigérateur, avait provoqué chez ma mère une crise de larmes que nous eûmes toutes les peines du monde à endiguer. Il faut reconnaître que le tableau était effrayant. Une flaque rouge s'étalait à ses pieds, sur le carrelage.

« Je ne l'ai pas fait exprès, balbutiait-elle, pas fait exprès... »

Mon regard se porta sur ses chaussures, puis remonta le long de ses jambes. Des jambes immaculées — nulle trace suspecte, non, rien d'anormal. Alors mon père plongea sa main à l'intérieur du sanctuaire, ce congélateur tout neuf qu'il avait offert à ma mère, pour en extraire une poche de plastique sanguinolent dans laquelle s'affaissait une grosse langue de chair molle.

« Il y en a vingt-quatre comme ça », grogna-t-il.

Je n'avais jamais remarqué que mon père s'intéressait aux chiffres. La chose alla s'écraser sur la paillasse de l'évier.

« Mon thon », hoqueta ma mère.

Elle s'assit. Je respirai profondément : personne n'était blessé, seul un dégivrage inopiné semblait responsable de l'hémorragie. Pourtant, ma mère pleurait toujours. Mon père avait beau répéter que ce n'était pas sa faute, qu'elle avait cru agir prudemment en coupant l'électricité, une impulsion louable au moment du départ, comme on éteint le gaz, par souci de sécurité, par souci d'économie, par souci tout court, elle avait simplement oublié que le congélateur était plein à ras bord de ce thon qu'il avait de ses propres mains débité et mis sous plastique, tranche par tranche — du thon à ce prix-là, tout frais pêché, une aubaine, vingt-quatre morceaux, les vingt-quatre heures d'une journée et combien de repas, le poissonnier avait raison : ça ne se rencontre pas deux fois dans une vie.

« Et qu'est-ce qui nous empêche d'acheter du thon en boîtes, conclut-il, et de le manger à l'américaine, sur du pain de mie avec de la mayonnaise et du ketchup ? Ce n'est vraiment pas la peine d'en faire une histoire. »

Mon père nourrissait une haine féroce contre les Américains.

« On s'en moque, du thon frais », ajoutai-je sans grande conviction.

Ma mère essuya ce flot de paroles comme on regarde un aveugle qui traverse la rue. Je sentis qu'elle déplorait bien autre chose que la perte du thon. Je restai debout à côté d'elle, d'un geste mécanique je caressais ses mèches. De temps à autre je tirais un peu.

Mon père se tut. Je fermai les yeux. Quand j'étais

petite, je me demandais à quel endroit du corps était stockée l'eau des larmes. J'avais imaginé un réseau de conduits et de pompes prêt à se mettre en branle au premier signe d'inflammation affective. Il y avait une mer morte, quelque part derrière le voile du palais, entre la nuque et le nez. De minuscules poissons y coulaient des jours paisibles, sans crainte de finir en tranches, congelés ou décongelés — leur seule préoccupation étant de résister à ces ouragans qui balayaient parfois leur domaine.

Une odeur de javel me rappela à l'ordre. Mon père essayait de réparer les dégâts. Les gants de caoutchouc rose enserrant une éponge qui se gorgeait de sang... Je pensai aux premières pages du traité, cette vision du cerveau qui toute ma vie me poursuivrait. A cet instant, je compris que je n'étais pas la seule concernée par la découverte du livre, mes parents comme moi répondaient à ses injonctions, les objets même agissaient selon ses ordres, et pourquoi pas l'appartement, la boutique, les nouveautés et les propriétaires méfiants de la maison louée. En spirale le monde s'ordonnait, chaque événement résonnant d'un cercle à l'autre, ainsi les larmes qui sortaient du corps maternel provoquaient en tombant d'infimes frémissements sur la nappe de l'univers.

« Je m'en occupe », articula ma mère.

Les gants roses changèrent de mains. Un à un elle vida les sachets dans la poubelle, puis s'acharna avec une brosse en chiendent sur les joints du réfrigérateur. Mon père se retira derrière ses lunettes. Il travaillait dans une usine qui fabriquait des produits chimiques. L'indifférence que nous nous inspirions mutuellement valait toutes les frayeurs du monde. Même sa gentillesse ne m'atteignait jamais directement. Elle ricochait.

Le second chapitre de *L'hypnotisme à la portée de tous* abordait un sujet qui me laissa sans voix. Il s'agissait d'apprendre à endormir un canari, épreuve dont je me serais volontiers passée si l'auteur n'avait pas insisté sur l'obligation de procéder dans l'ordre, sans brûler d'étape, sous peine de se voir confronté à des échecs répétés qui eux-mêmes engendreraient une perte de confiance fort préjudiciable à la poursuite des opérations. Le serin, donc, par la seule puissance de mon fluide magnétique, devait tomber en état de rigidité cataleptique.

Le serin, mais quel serin ? Je lus en tournant la page qu'il était possible de s'entraîner également sur des merles, des paons — la belle affaire — ou des gallinacés. Suivait en guise d'illustration ce témoignage qui troubla ma jeune imagination : dans un ouvrage paru à Ratisbonne au siècle dernier, deux aristocrates affirmaient que les paysans du sud de la Hongrie mettaient leurs coqs sous hypnose pour les obliger à couver. Ils fabriquaient ainsi des poules artificielles. « Les coqs, rapportaient ces messieurs, s'efféminaient de tout leur être au moment de l'éclosion. » Des expériences similaires avaient été tentées sur des êtres humains. L'histoire ne disait pas si les auteurs s'étaient portés volontaires.

A force de tanner mes parents, j'obtins l'autorisation d'acheter un oiseau avec mon argent de poche. Un canari, une cage et quelques graines : si je commençais à économiser dès la rentrée scolaire, je pouvais espérer réunir la somme nécessaire avant Noël. En attendant, je ne me privais pas d'exercer le fameux fluide magnétique sur tout ce qui bougeait autour de moi — et même sur ce qui ne bougeait pas, sans grand résultat il faut l'avouer, mais avec une détermination singulière.

Ce nouvel engouement trouva son apogée au collège, pendant les heures de permanence. Dans cette salle aux fenêtres closes, penchés sur nos cahiers, nous attendions le cours suivant en faisant semblant de travailler. Cette immobilité — cette permanence justement — me paraissait favorable à la propagation de ces ondes que chaque individu, à en croire le traité, possédait en puissance. Toute droite parmi ces dos courbés, les mains posées à plat sur la table, je définissais mon objectif. Je me disais par exemple : lorsque le surveillant se lèvera, il se grattera la joue. Ou alors la carte de l'Europe va se décrocher du tableau noir, sans que l'on comprenne pourquoi, brusquement, elle tombera — j'écarquillais les yeux, tendue vers les crochets de fixation, j'en oubliais de respirer, les fleuves se mettaient à couler dans le papier plastifié, ils traversaient des paysages inconnus, je m'égarais et l'Europe restait sagement plaquée au mur. Ainsi, plus d'une fois, je m'étais endormie, hypnotisée par mon propre regard sur la carte ou sur le tableau noir. Les surveillants considéraient ces écarts somnambuliques avec une certaine bonhomie. S'ils avaient pu savoir combien leur indulgence m'humiliait ! Ils m'envoyaient prendre l'air dans la cour de récréation. Je revenais essoufflée, pour me punir je m'obligeais à courir autour des arbres. Je regrettais les heures paisibles passées sous l'influence du premier chapitre, ce plaisir ouaté des chiffres, le miracle des marges, si droites, et de ces espaces irréguliers qui séparaient les mots. Rien ne m'empêchait de recommencer à compter, pourtant je ne m'en sentais plus le droit, comme s'il s'agissait là de quelque habitude infantile, manie dont il fallait se débarrasser au même titre que celle de sucer son pouce ou de mettre les doigts dans son nez.

Quelques jours avant Noël, le serin du deuxième chapitre se matérialisa sous la forme d'une perruche émeraude. Je la baptisai Bib, du nom de cette colle vendue en pots de couleurs vives, une colle à papier onctueuse qui sentait l'amande. L'oiseau avait été exposé trop longtemps dans la vitrine au milieu des chiots et des cochons d'Inde, il avait besoin de calme, aussi me fut-il cédé pour un prix dérisoire. Le marchand d'animaux réussit à me vendre une cage luxueuse, pleine d'accessoires trop humains pour être utiles à ce petit être captif. Je vidai mon porte-monnaie sur la caisse. « Le paradis de la perruche », déclama-t-il en comptant pièces et billets. Il empocha le tout et je lui devais encore de l'argent. Je n'osai protester. Ma nouvelle pensionnaire me serait livrée avant la fin de la semaine.

Bib arriva à la maison le samedi à l'heure du déjeuner. Elle mangea beaucoup et n'arrêta pas de s'agiter jusqu'à la nuit. Mon père en conclut que j'étais tombée sur une hystérique. Ma mère admira le vert de ses plumes et se mit en tête de trouver un tissu du même coloris pour tapisser les intérieurs de ses placards. Il fut convenu que Bib habiterait ma chambre.

La perruche me tira du sommeil aux aurores. Le livre conseillait de placer l'oiseau dans un bocal à cornichons, en prenant soin de ne pas refermer complètement le couvercle, ce que je m'empressai de faire avant le réveil de mes parents. Tout en continuant à respirer de façon régulière, je devais fixer Bib sans cligner des yeux. « Si l'animal résiste, précisait le traité, n'insistez pas : vous risqueriez de terribles désagréments. »

Bib tourna sur elle-même une dizaine de fois avant de s'immobiliser, le bec collé contre la paroi de verre. Elle me regardait en silence. Au bout d'un temps qui me parut interminable, comme elle ne bougeait toujours pas, je décidai d'interrompre la séance. J'étais en sueur, j'avais froid. D'une main tremblante je la sortis du récipient. Quelque chose de tiède coula le long de mon poignet. Une traînée du même vert que les plumes de la perruche. Bib déteignait.

Le lendemain, l'oiseau regagna la vitrine du marchand sous les accents courroucés de ma mère qui ne voulait pas d'une perruche peinte dans sa maison. L'homme la dévisagea d'un drôle d'air, peut-être à cause de ses cheveux décolorés. Il ne me rendit qu'une partie de l'argent.

Forte de cette expérience, j'attendis plus d'un an avant de me décider à aborder le troisième chapitre de *L'hypnotisme à la portée de tous*.

III

Le sapin perdit ses aiguilles, les décorations de Noël furent soigneusement décrochées, puis remontées au grenier, la devanture du magasin se couvrit de larges affiches annonçant les soldes. Le troisième chapitre proposait un texte d'une page et demie qu'il fallait apprendre par cœur. En fin de journée, après les cours, je répétais cet assemblage de formules aux vertus soporifiques. Je sortais complètement abrutie de ces séances de travail. Encore quelques semaines et je fus capable de les réciter mot pour mot, dans l'ordre, sans me tromper. Restait à trouver la personne qui accepterait de se laisser endormir — où, et de quelle façon l'aborder, l'ouvrage n'en disait rien.

A défaut de partenaire, je traçai à la mine au-dessus de mon bureau deux minuscules cercles noirs que je fixai, paumes ouvertes, paupières immobiles, en déroulant ma leçon. Souvent je repensais à Bib, aux reflets de ses plumes, à son bec rivé sur la paroi en verre du bocal. Je voyais mon cerveau, tache verte sur fond grenadine, mon cerveau imaginant l'oiseau. J'étais censée faire mes devoirs.

Mon père eut un choc lorsqu'il me découvrit, plantée au milieu de ma chambre, les yeux perdus dans la contemplation de ce qu'il croyait être le blanc du mur. La nuit tombait. Je n'avais pas allumé la lumière. Combien de temps attendit-il sur le seuil de la porte avant d'oser m'interrompre ? Il me demanda à quoi je jouais. Je déclarai d'un ton égal que je parlais à mon amie morte.

Une force qui me dépassait m'empêcha de bouger lorsque mon père s'approcha de moi. Je sentis sa main fraîche se poser sur ma nuque. J'étais si calme, je ne sursautai même pas.

« Ton amie morte ? Mais de qui s'agit-il, pourquoi ne nous as-tu rien raconté — il bredouillait — pourquoi ne nous racontes-tu jamais rien ? »

Il me secoua tant et si bien que je fus obligée de crier. Je n'avais pas mal, mais je ne voyais pas de quel droit il s'en prenait ainsi à mon corps. Il me lâcha. Je me tus.

Il y avait des côtes de porc pour dîner. Observés dans notre milieu naturel, faux plafond et toile cirée, buffet rustique, poupées de collection, mes parents et moi-même répondions aux normes suggérées par les lois de l'espèce et de la région. Nous mangions des nourritures cuisinées, utilisant avec habileté couteaux, fourchettes et cuillères, n'ayant recours à nos doigts que pour ronger les os, et encore, seulement lorsque nous étions entre nous.

Mais ce soir-là, entre nous, il y avait cette amie morte. Son intrusion bouleversait les habitudes familiales. Ma mère oublia sa purée sur le feu, mon père d'ordinaire peu curieux me pressa de questions. J'eus le malheur d'inventer qu'elle était américaine. Je l'avais rencontrée l'été dernier. Elle s'appelait Pearl, Perle en français, et connaissait les propriétaires de la maison louée.

Pearl était en réalité le nom de l'auteur du traité d'hypnose — M. A. Pearl très exactement, sans que rien n'indiquât si ces initiales désignaient des prénoms masculins ou féminins.

Sur le chemin des bois, racontai-je à mes parents, nous nous étions croisées la première fois. Puis au village. Enfin j'étais passée à son atelier. Perle peignait. J'avais posé pour elle, assise sur un escalier.

Mon père ne me croyait pas. « Et à quoi elle ressemble, cette perle rare ? » ironisa-t-il.

Son scepticisme me révoltait. Ma mère écrasa un sourire, sa serviette à carreaux appuyée contre ses lèvres.

« Perle, répondis-je, était brune. Elle aurait eu trente-deux ans au mois de novembre, et ses tableaux sont exposés à New York, si vous voulez savoir. »

Mon père repoussa le saladier que lui tendait ma mère. « Et qu'est-ce que vous faisiez, toutes les deux, dans son atelier ? »

Ce que nous faisions ?

« Perle, c'est mon amie morte, vous comprenez, mon amie morte ! » hurlai-je en sortant de table. Ma chaise tomba sur le carrelage. J'allai m'enfermer dans ma chambre. Perle était là, représentée par ces deux petits trous sombres, comme percés dans le mur. J'avais besoin de me retrouver seule. J'essayai de les effacer, mais malgré tous mes efforts il resta un brouillard grisâtre qui me rappelait à elle. Je pris le livre et relus son premier chapitre. A chaque inspiration, et pour quelques fractions de seconde, le sommet de votre crâne devient translucide.

Notre cerveau est une éponge gorgée de sang. Si vous tournez les globes oculaires vers le haut...

Apaisée, je revins de moi-même au salon. Mon père téléphonait, il raccrocha dès qu'il m'entendit arriver. Je passai aux aveux. Perle avait toujours été morte — non, comment dire, Perle n'existait pas, enfin elle n'était, elle n'était pour l'instant qu'un assemblage de phrases (je trébuchais), une vue de l'esprit, et mes parents se tenaient debout devant moi, incrédules, rempart de chairs adultes qui m'avaient engendrée. Des bras se croisaient, doigts noués, ongles pénétrant entre les poils, mon père allait se mettre en colère...

« Je m'en charge, souffla enfin ma mère, ne te fâche pas. »

Elle m'entraîna à la cuisine et m'expliqua très gentiment que j'aurais dû leur présenter mon amie. Pourquoi ces cachotteries ? Elle me demanda — cette question lui brûlait les lèvres — les causes de son décès.

Je regardai les joints de caoutchouc du réfrigérateur. Perle (que pouvais-je encore inventer ?) était, avait été...

A court d'idées, je laissai à ma mère le soin de finir la phrase.

« Assassinée ! » s'exclama-t-elle. Son visage s'illumina. Soudain, cette histoire abominable lui revenait en mémoire (c'était un de ses adjectifs préférés, abominable), une vacancière étranglée par un représentant de commerce parisien, quelques jours avant notre départ, il s'était rendu à la police, un grand gaillard moustachu, sa photo avait fait la une du journal local.

Ma mère me serra dans ses bras. J'aurais préféré éviter et l'étreinte, et le représentant de commerce. Je ne savais pas par quel bout le prendre. Il n'avait pas sa place, ni dans le blanc du mur, ni entre les lignes du traité, ses moustaches dépassaient, même en le coupant en tranches il ne tenait nulle part. J'essayai de l'éliminer de mes pensées mais sa présence réelle, quelque part en France, dans la cellule d'une prison, entravait le processus de désintégration.

D'après ma mère, il s'agissait d'un crime passionnel. J'étais bien jeune pour être mêlée à ce genre d'affaire. Comme je m'obstinais à me taire, elle voulut écrire aux propriétaires de la maison louée. N'avais-je pas prétendu qu'ils connaissaient l'Américaine ? Mon père s'y opposa formellement à cause de la moulinette à légumes. Pour rassurer ma mère, il m'obligea à jurer que je n'avais eu aucun contact, de près ou de loin, avec l'assassin.

Je jurai, bien que le procédé me dégoûtât. Ma mère se désintéressa de moi.

Enfin, je trouvai quelqu'un à endormir. Sandrine avait treize ans. Nous passions nos vacances de Pâques à Saint-Nizier-du-Moucherotte, l'hôtel appartenait à sa famille. Après le dîner, les pensionnaires se réunissaient autour de la cheminée. Je ne me souviens plus comment la conversation s'engagea sur le thème de l'hypnose, mais les propos échangés se révélèrent d'une telle indigence que je me sentis obligée d'intervenir. Mes parents étaient montés se coucher. On m'écouta d'un air amusé. Il y avait là des commerçants de Grenoble, un couple parisien, une tablée de Suisses allemands, deux vieilles dames qui tricotaient pour le même nourrisson, des sœurs, je crois.

Et Sandrine, que j'avais remarquée l'après-midi

même, je lui avais souri mais elle s'était détournée comme si cette marque de sympathie ne pouvait s'adresser à elle. Pourtant le soir venu, Sandrine me dévisagea avec une intensité troublante ; dès que je pris la parole son regard se posa sur moi, pour ne me quitter que trop tard, et malgré lui, ce regard sombre que voileraient bientôt des paupières transparentes bordées de cils presque blancs, ce regard avide, ce regard anxieux que je dus soutenir en dépit de tout : ma peur et la violence de son désir, l'excitation des autres, ces gens que je connaissais à peine. Sandrine exigeait que je l'hypnotise.

Je n'avais rien proposé de tel, protestai-je, soudain je reculais, le texte m'échappait, aspiré par les petits trous dessinés au-dessus de mon bureau, il disparaissait dans le corps de Perle (mais Perle aussi s'effaçait et je compris alors que Sandrine avait gagné).

Sans bouger de ma chaise, je lui fis signe d'approcher. Le rapport aussitôt s'inversa. Je n'avais pas encore commencé que déjà elle marchait vers moi d'une façon étrange, mécanique, comme si quelque douleur l'empêchait de se sentir tout à fait libre de ses mouvements. Je me levai et la priai de s'asseoir à ma place, elle m'obéit. Je devenais le mur, je devenais la loi, et les mots du traité s'imprimèrent dans l'espace qui nous séparait, elle et moi, ce vide que comblaient déjà les suggestions de M. A. Pearl, ces phrases courtes qui, sans hésitation aucune, plongeraient Sandrine dans un profond sommeil. Tout se passait si simplement, c'était inespéré, lorsque je lui demandais de fermer les yeux, ses yeux se fermaient, je disais : « Vos pieds sont joints, talon contre talon, vos genoux se détendent », et ses jambes se relâchaient. Je remarquai alors ses mains, les fossettes des mains de

Sandrine et je pensai combien il était ridicule de la vouvoyer, mais les formules étaient ainsi composées, je n'osai les modifier de crainte d'affaiblir leur pouvoir, heureusement déjà je prononçais la dernière partie du texte : « Vos paupières sont verrouillées l'une contre l'autre, UN, si lourdes que plus rien ne pourra les décoller, DEUX, vous respirez calmement, TROIS, vous dormez. »

« Tu respires calmement, répétai-je tout bas, tu dors. »

Le cou de Sandrine s'affaissa et sa tête partit vers l'arrière. Je m'approchai d'elle. Du bout des doigts j'effleurai ses globes oculaires. Mes index roulèrent, c'était si doux, des œufs en gelée, pensai-je, le jaune encore mou dans son embarcation transparente, le bout de jambon rose, le vert du persil, je découvris un point plus dur sur la cornée, un grumeau, il aurait fallu le coincer avec la spatule et l'écraser sur le rebord de la jatte, battre, battre, broyer jusqu'à obtenir une crème onctueuse, laisser reposer, mais la bouche de Sandrine s'ouvrit brusquement et je réalisai qu'autour de nous il y avait les pensionnaires : je m'éloignai.

On applaudit, je crois qu'on s'attendait à ce que Sandrine se lève pour saluer, elles sont mignonnes toutes les deux, entendis-je, comme si nous étions complices. J'enviais Sandrine, j'aurais aimé la rejoindre à l'abri du monde. Les applaudissements s'éteignirent. Les conversations ne reprenaient pas. Que voulaient-ils à présent ? On me regardait comme une bête curieuse. Sur le visage des deux sœurs naquit le terrible soupçon, puis ce fut le tour des Suisses : peut-être ne s'agissait-il pas d'un jeu. J'appelai M. A. Pearl à mon secours. N'avais-je pas suivi à la lettre les indications du livre, procédé dans l'ordre, sans brûler les étapes, et même si le canari s'était métamorphosé en perruche, pouvait-on m'en tenir rigueur ?

« Bon ! » entendis-je. Les Grenoblois se mobilisaient. Le couple partit à la recherche des parents de Sandrine. La question tant redoutée allait être posée, je la sentais venir, monter en eux, ce serait à celui — ou à celle — qui la formulerait en premier, la question énorme, essentielle, le problème inévitable car il ne suffisait pas de plonger quelqu'un dans le sommeil, encore fallait-il être capable de le réveiller, et il me serait impossible de répondre : « Désolée, je n'en suis qu'au troisième chapitre. »

Pour calmer les esprits, j'essayai à tout hasard de compter jusqu'à cinq, ma voix tremblait, mes ordres sonnaient faux, je ne savais comment m'y prendre, tutoyer Sandrine, la vouvoyer, souffler sur ses paupières, la secouer. Les deux sœurs se décidèrent à intervenir. L'une parla très fort, cria même que ça suffisait, pendant que l'autre l'éventait de sa fiche tricot. Sandrine ne bougea pas. Je reculai, je voulais partir. Un des Suisses me saisit par la taille et me cloua sur une chaise à côté de lui. Je ne m'en tirerais pas à si bon compte, semblait-il dire — il parlait en allemand, je ne comprenais rien, ses amis riaient. Enfin le père de Sandrine arriva. Il se précipita sur sa progéniture et la gifla. Un instant elle reprit connaissance, posant un regard éthéré sur ces choses étranges qui l'entouraient. Sous l'empire de quelque vision, elle se dressa, marcha jusqu'à la table, puis se laissa tomber à mes pieds.

Le médecin fit irruption dans la salle. Ses chaussures étaient pleines de boue. Il examina Sandrine, rien de grave, conclut-il, l'adolescence, la nervosité, et me dévisagea d'un air amusé lorsque les Grenoblois me désignèrent comme étant à l'origine du malaise.

Sandrine fut portée jusqu'à son lit. Elle se réveillerait toute seule. De leurs regards méfiants, clients et employés me mirent en quarantaine. La femme de ménage ne voulait plus toucher à ma chambre. Dans les couloirs, on se retournait sur mon passage. Sandrine m'évitait. Je crois que ses parents lui avaient interdit de m'adresser la parole.

La veille de mon départ, elle s'arrangea pour me coincer près de la cabine téléphonique et me traita de sorcière.

Elle dit cela très vite et s'enfuit, comme si elle craignait des représailles. Je crus un instant que j'allais m'évanouir. Je repensai aux yeux de Sandrine, ce blanc un peu crème et ces pupilles sombres, les œufs en gelée et leur branche de persil, sous mes doigts je sentis ce grumeau qu'il aurait fallu écraser. J'aurais dû appuyer de toutes mes forces, jusqu'à le faire disparaître derrière le globe. Là, dans le lac salé, noyé.

IV

Ma famille, de quelque côté que je me tourne, a toujours provoqué en moi une sensation oppressante faite d'incompréhension mutuelle et d'obligations. Seul mon oncle Paul me témoignait un réel attachement. Comme par hasard, personne ne l'aimait. Mon père s'était éloigné de ce demi-frère pour des raisons qui m'échappaient. Ma mère évitait d'en parler. Elle gardait une photo de lui dans son portefeuille.

Paul était drôle, curieux, impulsif. Il était séduisant. Avec lui j'aurais pu parler d'hypnose sans évoquer la pleine lune, le hurlement des vagues ou les douze coups de minuit. Il aurait compris que la disparition de Perle n'était pas un fait — encore moins un acte, ainsi que le prétendait ma mère — mais un état. Il s'agissait d'une mort aussi fictive que ses peintures ou que son existence, une mort colportée par les mots. Mon oncle aurait apprécié à sa juste valeur la première page du traité. Malheureusement il habitait au Kremlin-Bicêtre et nous ne nous étions pas vus depuis plus de trois ans. Il exerçait le métier de relieur. Son atelier ouvrait sur une cour intérieure, au rez-de-chaussée d'un immeuble qui sentait bon le bois et la cuisine familiale. La concierge cultivait du persil et des tomates sous ses fenêtres. Elle travaillait à mi-temps dans une usine de charcuterie sur l'avenue de Fontainebleau. Ils déjeunaient souvent ensemble.

Paul avait une passion pour la chose écrite — avec une tendresse particulière à l'égard des feuilles volantes, lui qui passait ses journées à les assembler. Il collectionnait les petits bouts de papier abandonnés sur son trottoir, listes de courses, fragments de compositions, messages déchirés et autres éclats qui, à l'entendre, réfléchissaient mieux que toute confidence la vie intime de la cité. Marcher dans la rue en sa compagnie relevait de la chasse aux trésors. Que cherchait-il alors ? La question ne se posait pas en ces termes. « Ton oncle est un homme à part », disait ma mère.

« Un homme à part entière », répliquais-je, toute fière de porter en moi un amour si puissant, et puis il y eut ce qu'à la maison nous appellerions « l'accident ».

Mon père ne m'en parla qu'au bout de trois semaines. Paul allait quitter la région parisienne, m'annonça-t-il un soir, pour venir s'installer dans un centre de réadaptation fonctionnelle, non loin de chez nous. Ma mère m'expliqua en tortillant ses mèches jaunes qu'à la suite d'une hémorragie cérébrale, due à la malformation congénitale d'un minuscule vaisseau sanguin, mon oncle avait un peu perdu la tête.

« Il souffre d'héminégligence », conclut-elle à mi-voix, la mine encombrée, gênée par cette maladie qui faisait tache sur le carnet de santé familial.

Cette nouvelle me terrassa. J'aurais dû me précipiter au chevet de Paul, lui écrire, que sais-je, l'entourer, mais au lieu de cela je laissai passer plusieurs mois avant d'aller le voir. J'avais peur de le retrouver amoindri, peur que son regard délavé se pose sur mon visage sans le reconnaître. Peur de ne plus exister pour lui.

J'avais honte, surtout, et chaque jour qui s'écoulait renforçait ce douloureux sentiment d'impuissance.

Mes parents lui rendaient visite un samedi sur deux. Ils ne m'ont jamais proposé de les accompagner et évitaient soigneusement d'engager la conversation à ce sujet. Trois mois après l'accident, je n'avais toujours pas compris de quoi souffrait Paul, ni comment se manifestaient ces troubles du cerveau qui ne s'évoquaient qu'à mots couverts. Je crois que mon oncle se cognait souvent. Il tombait, avait du mal à s'orienter. Parfois, ainsi que je le redoutais, il ignorait ses visiteurs.

Paul ne lisait plus (et je me demandais : était-il encore capable de lire ?). Il se négligeait, ne se rasait pas, restait toute la journée en veste de pyjama.

Puis mon oncle refusa de s'alimenter. Je l'appris par hasard, en surprenant une discussion entre mes parents. Ma mère soutenait qu'il faisait cela pour les punir de m'avoir tenue éloignée de lui. D'ailleurs, il devait manger en cachette puisqu'on ne l'avait pas mis sous perfusion. Mon père avait été convoqué par le médecin : il n'était plus possible de garder Paul en réadaptation neurologique, sa place était ailleurs, chez nous ou dans une maison de repos spécialisée, enfin dans un lieu mieux adapté à ses humeurs. Son comportement était inadmissible. Il se méfiait des aides-soignantes, prétendait qu'elles cherchaient à l'empoisonner, refusait de répondre aux questions les plus anodines des infirmières. Seules les histoires sans queue ni tête de son voisin de chambre réussissaient à le distraire de son irascibilité chronique : ce n'était pas un service à lui rendre que de le laisser s'enfoncer de la sorte. Il serait transféré dès le mois suivant s'il ne changeait pas d'attitude d'ici là.

Paul, à la maison, et où dormirait-il ? Dans le congélateur ? Panique, nuits blanches, interminables conciliabules. En dernier ressort, mes parents se tournèrent vers moi. Ils m'avouèrent que mon oncle m'avait souvent réclamée. Ils ne m'en avaient pas parlé plus tôt, puisque je n'avais à aucun moment manifesté le désir de reprendre contact avec lui. C'était mon droit le plus strict, ils pensaient ainsi avoir respecté ma volonté, mais maintenant ils comptaient sur mon intervention pour persuader Paul de recommencer à se nourrir convenablement.

Mes désirs, mon droit, ma volonté, de quoi se mêlaient-ils ? Pas un mot, pas une courbette dont ils ne se privèrent pour me convaincre du bien-fondé de leur silence d'hier et de leurs soudaines supplications. En bonne petite commerçante qu'elle était, ma mère s'en tira de façon honorable. Elle avait agi de la sorte afin de me protéger, j'étais si fragile depuis la mort de Perle, elle ne tenait pas à ce que je sois exposée à la faune impressionnante qui séjournait dans cet ancien sanatorium, une bâtisse austère à l'enseigne de la Croix-Rouge, tous ces jeunes en chaises roulantes, ces membres qui ne se contrôlaient plus, ces corps paralysés. Il y en avait un qui criait chaque fois qu'elle passait près de lui, il appelait sa mère, maman, maman, sur le même ton de supplicié, maman...

Mon père s'agitait dans mon dos, je le sentais qui essayait de faire taire son épouse, il ne fallait pas m'effrayer, ce n'était pas si terrible que cela, tu exagères, ma chérie, et puis lui-même me conduirait, reviendrait me chercher, on nous préparerait un bon goûter. Je n'aurais pas à me plaindre, je serais récompensée — dédommagée, dit-il sans rougir en sortant un billet de sa poche.

Je me détournai avec mépris et, au risque de voir mon geste interprété comme une capitulation, me dirigeai vers la porte. J'irais tout de suite rendre visite à Paul, puisqu'il le fallait, avant le dîner.

Pour la première fois depuis les vacances à Saint-Nizier, je ressortis le livre de M. A. Pearl. Pendant le trajet en voiture je le serrai contre moi. J'avais très envie d'en lire un nouveau chapitre, et de sentir sa couverture glacée si proche de ma peau me plongea dans cet état de légère fébrilité qu'on appelle parfois le courage ou la détermination.

Une odeur de blanchisserie s'élevait des sous-sols du centre de réadaptation. Mon père m'attendait dans la rue, je ne tenais pas à ce qu'il m'accompagne à l'intérieur. Un monsieur au teint cireux, ficelé à sa chaise par des bandelettes de tissu, stationnait devant l'ascenseur. Comme il manifestait des signes d'impatience en fixant d'un air pathétique les boutons de commande, je lui demandai à quel étage il désirait monter. Il me pria de m'occuper de mes affaires.

Sans rencontrer âme qui vive, je traversai des couloirs aux plafonds insonorisés, recouverts de dalles blanches qui ressemblaient à des os de seiche. Chambre 27 je frappai. J'entendis des bruits métalliques, un sommier à ressorts qui grinçait, puis je reconnus la voix de mon oncle.

« Quoi encore ? » bougonna-t-il.

Pour ne pas m'enfuir, je m'accrochai au traité. Maintenant tu vas tourner la poignée, pensai-je, Paul sera là (héminégligence, à moitié négligé, lui d'ordinaire si rigoureux, je revoyais ses gestes, sa façon de ramasser dans la rue les papiers perdus comme s'il s'agissait de précieux manuscrits, sa manière de les lisser sur sa cuisse) ; respirer, soufflait M. A. Pearl, imaginer la lucarne entrouverte, l'éponge gorgée de sang, l'éponge pressée du demi-frère, une zone sinistrée, pâle, desséchée, UN, j'inspirai profondément, DEUX, j'avançai dans la pièce, droite comme un petit soldat, et au chiffre TROIS, je me retrouvai plantée devant le lit où reposait mon oncle.

Il avait beaucoup maigri. Sa barbe le vieillissait. Une grande beauté se dégageait de ce visage immobile, comme détaché de lui-même. Les paupières baissées, d'un ton bourru, il me pria de le laisser dormir en paix. Une main veinée de bleu me fit signe de me retirer. Comme je ne bougeais pas, Paul ouvrit les yeux.

« Quel bonheur, s'exclama-t-il, c'est toi, mais tu ne pouvais pas le dire plus tôt ? »

Je fondis en larmes. « Tu es là, enfin, tu es là, répéta-t-il, quel bonheur ! C'est bien le moment de pleurer, qu'est-ce qu'il y a, viens t'asseoir près de moi, qu'est-ce qui ne va pas ? »

A mesure qu'il me consolait, mon oncle reprenait vie. Il me demanda des nouvelles du collège, de mes camarades, puis me parla de sa maladie avec une lucidité et un humour réconfortants. Tout le monde insistait pour qu'il se ressaisisse. « Il faut réagir », prétendait-on, mais pour peu qu'il se laisse aller à quelque réaction, on le priait instamment de se tenir tranquille. Trois personnes chaque jour se relayaient pour le gaver. Steak haché purée. Jambon blanc nouilles au beurre. Hachis. Carottes râpées. Céleri rémoulade.

« Je mange le céleri », précisa-t-il.

Paul en rajoutait. Il s'amusait de me voir sourire.

« Sans compter les bénévoles de la Croix-Rouge, poursuivit-il en faisant des moulinets avec son bras droit. Il y en a une qui s'est mis en tête de m'adopter. Elles sont comme ça, des fanatiques, je t'assure. Elles veulent s'attacher un malade particulier, se le prendre jusqu'à s'en imprégner, se le plaindre, se le dorloter. Sous prétexte que vous êtes diminué, et elles apparemment valides, vous êtes supposé répondre aux questions les plus indiscrètes — et il faudrait encore remercier ces âmes charitables ! »

Il marqua un temps d'arrêt, soupira.

« Les visiteuses d'autrefois avaient des ouvrages sur les genoux, elles brodaient en bâillant de temps à autre pour prouver qu'elles pensaient à vous, à l'ennui de ces maux qui vous clouaient au lit. N'était-ce pas mieux ainsi ? Ah ! la fascination de ces fils colorés qui passaient d'un côté à l'autre du tambour... Travaux d'aiguille, bouches cousues, le tout baignant dans une douce torpeur : voilà qui sied au convalescent. »

Au centre de rééducation, c'était le contraire. Il se sentait traqué, poursuivi jusque dans son sommeil par ces voix inquiètes qui l'empêchaient de respirer à son rythme. Même les murs lui en voulaient, la table de nuit, les chariots. Il se cognait partout. Sa maladresse le révoltait.

« Je suis fatigué, répéta-t-il, tu comprends ça, toi, mais comment leur expliquer ? Je préfère rester au lit, immobile et savourant mon immobilité. J'ai besoin d'oublier. »

Je pensai aux trous noirs dessinés sur le mur de ma chambre, les yeux de Perle, et tirai de mon sac le cake que ma mère avait enveloppé pour son beau-frère. Alors que je dépliais le papier d'aluminium qui épousait les tranches avachies (la pâte s'émiettait, les cerises confites étaient tombées dans le fond à la cuisson, je m'appliquai à redonner un aspect cohérent à cet assemblage comestible), Paul disparut sous les couvertures. Cette brusque évasion me fit le même effet que la goutte verte qui avait coulé le long de mon poignet : Bib déteignait, mon oncle se rétractait, bientôt le gâteau maternel se décomposerait malgré sa gangue métallique. La vie m'engloutissait dans dans un tourbillon de signes. Je me raccrochai à un morceau d'angélique, seule forme rectangulaire dans ce trop rond, ce trop mou, ce trop de sucre, de beurre et de farine, un morceau d'angélique qui me donna la force de rompre le silence.

« Il faut manger, articulai-je péniblement, sinon on va te renvoyer d'ici. »

Je regrettai aussitôt ces paroles. Mon oncle ne répondit pas. Il devait penser que je ressemblais de plus en plus à sa belle-sœur. Je compris que j'étais sa Cora, sa nièce préférée certes, mais aussi et avant tout un membre de la famille, ce corps tentaculaire qui essayait par ma bouche de le ramener à la raison. Cette idée me révoltait. J'allai jeter le cake à la poubelle. Il s'enfonça mollement dans un nid de compresses et de mouchoirs en papier. Mon oncle se souleva sur ses coudes.

« Merci, c'est gentil de ne pas insister », commenta-t-il. Je compris qu'il désirait se reposer.

Je prenais congé de lui lorsque le voisin fit son apparition dans la chambre. D'un coup de roue, il vint se garer contre le lit de mon oncle. Il attendit que la jeune femme en blouse bleue qui l'accompagnait fût partie pour commencer un récit que Paul écouta, fasciné, et dont je ne compris pas un traître mot. Pourtant des mots, il y en avait une ribambelle, petites boîtes closes aux sonorités percutantes, secrets, citrouilles ou chenilles velues, gourmandes de l'espace, s'accrochant avec jubilation aux consonnes un peu raides de la langue française. Quelle virtuosité, quelle éloquence ! « De facture, nous confiait le voisin, je ne crois exagérément, mais un peu de corneilles si je vous vivite. Il y avait un placard, côté embarrassement, j'étais presponsable, toute la gomme reste impeccable, tenailles, seringues, sauf en dehors des routes. Les cervelles du fardeau, précédées par l'ablatif en radis noir, oui, oui, alors on supplie ! »

Les phrases se formaient, ponctuées d'exclamations sauvages. Pas une fois le voisin ne douta de la parfaite clarté de son discours. Le visage de Paul avait retrouvé la lueur des promenades d'hier, celle de l'avenue de Fontainebleau chargée de messages, après le marché, celle des feuilles volantes du square Malassis ou du cimetière municipal. Les yeux fixés droit devant lui, il semblait transporté dans un autre univers. Que voyait-il, qu'entendait-il qui me fût interdit ?

Il m'avait fait signe de rester. Le voisin de chambre acheva son exposé, s'applaudit lui-même, puis enchaîna sur ce que je devinai être une analyse critique du fonctionnement de son fauteuil roulant, un Chataigner (c'était le nom du fabricant) qui ne marchait pas aussi bien qu'il l'aurait espéré. Gestes et mimiques accompagnaient sa démonstration. Enfin il se calma. Le timbre de sa voix devint sourd. Il ne nous prêtait plus aucune attention. Lorsque je me retournai, je constatai avec stupéfaction que mon oncle s'était endormi.

Je revins le lendemain, puis chaque jour de la semaine. Le médecin passa le mercredi, suivi par une grappe d'étudiants vissés à ses talons. On appelait ça la visite, comme au musée — une visite guidée, mais là on avait le droit de toucher. Pour la première fois depuis son arrivée au centre, mon oncle accepta de répondre devant tout le monde aux questions de l'orthophoniste. Elle profita de cette accalmie pour lui soutirer l'autorisation de filmer leur prochaine séance de travail. Le matériel de prise de vue se commandait à distance, sans l'aide d'un opérateur extérieur, il suffisait d'appuyer sur un bouton. « Rien ne troublera, promit-elle, le déroulement normal des exercices de rééducation. »

Mon oncle acquiesça. Non qu'il éprouvât du plaisir à l'idée d'immortaliser ces consultations, mais il m'avait promis d'agir de façon à ce que le médecin ne puisse pas le renvoyer. Qui sait dans quel établissement lointain on le placerait s'il refusait de coopérer.

« Je me demande s'ils cherchent à me soigner, commenta-t-il dès que l'équipe eut passé la porte, ou s'ils cherchent tout court. Il paraît que je suis un cas très intéressant. Entre nous, je m'y applique. Bientôt, ils ne voudront plus se séparer de moi. Je vais leur devenir indispensable ! »

De quoi souffrait-il ? Je l'ignorais toujours. En ma présence, et dans un territoire aussi restreint que celui d'un lit, sa maladie se montrait d'une discrétion désarmante. Parfois mon oncle était maladroit ou distrait, il se mettait souvent en colère contre les objets, mais jamais il ne se plaignait d'aucune douleur. Pourquoi ne le laissait-on pas rentrer chez lui ? Son mal risquait-il d'empirer ?

Mes questions restaient sans réponse. Paul s'obstinait à brouiller les pistes, ma mère baissait la voix pour dire des absurdités tandis que mon père bruyamment feuilletait son journal.

Un jour, décidée à obtenir des explications, je pris rendez-vous avec le médecin. Il m'envoya chez l'orthophoniste, une femme au nez pointu, la quarantaine bien tenue, énergique. Consciente de l'influence bénéfique que j'exerçais sur son patient, elle se montra d'une parfaite courtoisie. L'hémisphère droit du cerveau de Paul, m'expliqua-t-elle, avait subi de sérieuses altérations. Ainsi mon oncle était capable de voir, de comprendre, de bouger et de parler convenablement, pourtant — là était la faille — il « oubliait » avec constance et application toutes les choses qui se trouvaient à gauche. Lorsqu'il recopiait une fleur, par exemple, il ne dessinait que la moitié des pétales. Si on lui donnait à lire un mot de quatre syllabes, il ne prononçait que les deux dernières, même si cela n'avait aucun sens. Son esprit se fixait de façon asymétrique.

En personne habituée à s'exprimer devant des étudiants, l'orthophoniste émaillait sa démonstration de pauses mesurées. Elle me proposa de regarder le film d'une séance de rééducation. Jamais je n'oublierais ces images. Si l'enfer existait, il devait ressembler à cela : un plan fixe interminable, une voix neutre, hors champ, qui réitère sans impatience les mêmes recommandations. Elle avertit, Paul se concentre, elle articule et parle fort, comme s'il était sourd, en élève appliqué il va pour respecter la consigne et soudain, confronté à l'épreuve, oublie ce qu'on vient de lui dire. En toute bonne foi, il néglige.

C'est un visage meurtri qui reçoit les nouvelles mises en garde de l'orthophoniste. Elle tape du bout de son stylo près du micro. Le bruit un instant griffe la pellicule. Quoi, il n'a pas lu la première colonne de l'article ? Paul ne sait plus qui croire, cette femme au langage patiné ou sa perception intime des choses. Toujours les faits lui donnent tort. Il se ferme, muré dans le silence, rumine et souffle, un enfant qu'on force à manger, les endives refroidissent, les betteraves cuites lâchent leur jus sucré...

Enfin, le film s'acheva. L'orthophoniste parla des recherches menées à Naples et à Portland en rangeant la cassette dans un placard métallique. Je l'écoutais d'une oreille distraite. Hôpitaux et universités se disputaient : on comprenait mal les causes de l'héminégligence. Certains affirmaient qu'il s'agissait de troubles de l'attention, les autres d'une déviation de la tête et des yeux du côté commandé par la partie saine du cerveau. Paul était un malade fort intéressant parce qu'il ne souffrait pas de paralysie. Seule sa façon de résister aux soins l'empêchait encore de progresser.

« Ne croyez-vous pas, demanda l'orthophoniste en me raccompagnant vers la sortie, qu'il y a une certaine complaisance dans le fait de rejeter l'aide de son prochain ? »

De quel prochain parlait-elle ? Je ne répondis rien, d'ailleurs je crois qu'elle n'attendait pas de réponse. Elle me tapota l'épaule en m'assurant que tout allait bien.

« Maintenant que vous êtes là, corrigea-t-elle, tout ira bien, n'est-ce pas ? »

Tout allait bien déjà pour mes parents, tout allait bien pour l'orthophoniste qui se constituait un matériel hors pair en filmant les séances de rééducation — matériel qu'elle présenterait lors d'un prochain colloque —, tout allait bien pour moi, je devais le reconnaître, la petite héroïne de service, chouchoutée par les infirmières, courtisée par les internes, couverte de cadeaux par ma mère qui ne savait plus comment manifester sa gratitude.

Je pensai au visage de Paul sur l'écran. Dix fois de suite, les mêmes erreurs répétées. Dix fois, et pourtant il se trompe encore.

V

D'où venait cette plainte qui me réveilla au beau milieu de la nuit ? Je n'arrivais pas à me rendormir. Mère ronflante, père silencieux. J'allai boire un verre d'eau. Je m'assis devant la fenêtre de la cuisine. Un chat s'enfuit sur le toit d'en face, le toit de l'Hôtel des Voyageurs — sa façade sans balcon et son enduit savant — pas un rai de lumière ne filtre des persiennes. Les tarifs sont affichés dans l'entrée. Menu copieux, vin compris, deux nappes s'il vous plaît, dont l'une en plastique, spécialités gastronomiques importées. Sagny, ou la providence des représentants de commerce : tout s'y vend, rien ne s'y fabrique, pas le moindre petit objet. Frais débarqués du chef-lieu, des techniciens en polos étudient la possibilité d'implanter une unité de traitement des déchets derrière la Longuemare. En échange, les crédits pour la construction de la piscine municipale seraient débloqués. Les commerçants s'insurgent. Ils ne veulent pas accueillir chez eux les poubelles des autres. Nous avons déjà le centre de réadaptation neurologique, disent-ils, ça nous suffit !

Une pétition circule. Ma mère la signe pour toute la

famille, comme si mon nom lui appartenait. Je lui demande des explications. Dans un chuintement de plante grasse, elle répond que le Tout-Sagny est contre le projet. Mon père opine du bonnet. Voilà le genre de raisonnement que tiennent mes parents. Et il faut manger avec ça chaque soir. Après je me réveille la nuit. Je regarde par la fenêtre les rues vides de Sagny, ville borgne, son église, ses volets clos, et ce réverbère aux aguets, l'autre éteint, négligeant la partie ouest du carrefour comme pour me rappeler la maladie de Paul. Sagny où je suis née.

La gorge serrée je regagnai ma chambre. Sans réfléchir, j'ouvris le traité d'hypnose. Le chapitre quatre commençait par une fable imprimée en lettres italiques. M. A. Pearl conseillait de la lire à voix haute, sans reprendre son souffle, à toute vitesse donc, et cela jusqu'à l'obtention d'une diction parfaite. « Un scarabée tombé sur le dos, articulai-je, ne voit pas le ciel. Obnubilé par ces tiges souples qui palpitent au-dessus de lui, il perd toute notion de l'espace. Le moindre bruit est une agression, chaque mouvement de l'air un supplice. Lorsqu'une main charitable va pour le retourner, il s'immobilise, paralysé par la peur : une ombre menaçante s'abat sur lui, le monde bascule, en bas le brun du sol, les brindilles, les aiguilles de pin, il se replie sur lui-même, étourdi, il attend. Puis l'ombre se dissipe, plus un souffle de vent. »

Une note précisait que l'ordre des scarabéidés comptait environ 8 000 espèces. « Nous ne savons pas les distinguer, commentait l'auteur, et pourtant, ils existent. »

Je glissai le livre sous mon oreiller avant de m'assoupir. Le lendemain, je n'allai pas rendre visite à Paul. Je prétextai de légers vertiges et m'enfermai dans ma chambre, après le collège, afin de poursuivre tranquillement l'étude du quatrième chapitre.

M. A. Pearl attirait l'attention de ses lecteurs sur la nécessité de se constituer un répertoire de courts récits qui leur servirait à travailler leur élocution. En outre, ce matériel se révélerait d'une aide précieuse lorsque, confronté à une personnalité rétive, l'apprenti hypnotiseur serait mis en difficulté.

« Inutile de répéter à un sujet résistant qu'il doit s'endormir, écrivait l'auteur, vous ne feriez que renforcer à son insu ses systèmes de défense. Conseillez-lui plutôt de rester vigilant et de vous écouter. Déroulez une première série d'histoires. Sous la pression de votre voix, ses épaules se relâcheront, ses paupières deviendront lourdes. Comme s'il s'agissait d'un geste d'une extrême mansuétude de votre part, donnez-lui l'autorisation de fermer les yeux. Adoptez alors des phrases plus longues aux structures compliquées que vous émaillerez d'ordres limpides auxquels son esprit se raccrochera, faute de mieux. Rassuré par ces bouées providentielles, votre interlocuteur se laissera couler dans son fauteuil. Votre travail est presque terminé, le sien commence. Approfondissez la transe en vous inspirant des indications du chapitre précédent.

Si vous échouez, ne vous découragez pas : il existe d'autres livres. Rangez celui-ci dans votre bibliothèque et changez d'occupation. Il paraît que *La peinture sur soie en dix leçons*, publié dans cette même collection (catalogue sur simple demande), est un ouvrage d'excellente facture.

On dit également qu'une heure de sommeil sous hypnose équivaut à huit heures de repos. »

On dit, mais devais-je le croire, et avais-je la tête à peindre sur de la soie ? Quel cynisme ! Je me sentais trahie et ma déception fut d'autant plus violente que ma confiance avait été absolue. A qui la faute si dans ce labyrinthe de suggestions contradictoires nous perdions foi en nous-mêmes ? L'ordre des leçons défiait toute cohérence pédagogique : les réponses précédaient les questions, les exceptions se précipitaient au-devant de la règle, c'était le monde à l'envers.

Le monde à l'envers ! M. A. Pearl prenait ses lecteurs pour des scarabées. N'eût-il pas été judicieux de nous apprendre à réveiller les volontaires du troisième chapitre avant de nous raconter comment piéger les récalcitrants ? Pauvre Sandrine, son regard avide se posant sur mon visage un instant, puis s'évanouissant dans la grande salle de l'hôtel. Quelle honte, quelle humiliation déjà ! Voilà des signes qui ne trompaient pas, je m'étais ridiculisée, dès la première tentative. Fallait-il pour autant me séparer du traité ? Je ne pouvais m'y résoudre. J'étais piégée, captive, comme les sujets décrits par M. A. Pearl. Avec quelle énergie je me débattis cependant ! Je passai les mois qui suivirent à lire et relire le même chapitre. Peu à peu, je me laissai convaincre. Je comprenais. Il n'était plus question d'aligner les chiffres (UN, vous respirez, DEUX, votre corps devient lourd, si lourd qu'à TROIS, vous dormez), il fallait les combiner, les mettre en équation, ouvrir une autre dimension. Multiplier des nombres négatifs entre eux, pour obtenir un résultat positif. Recommander à celui qui résiste de ne pas s'endormir. Tenir des raisonnements confus, mais efficaces, et le faire pour une fois de façon délibérée. En un mot, provoquer.

C'est l'esprit en éveil et la conscience apaisée que je gardai finalement le livre à mes côtés. J'avais assez souvent observé mes parents pour reconnaître l'efficacité des comportements paradoxaux préconisés par M. A. Pearl. Au chevet de Paul, ses conseils se révélèrent d'une aide aussi précieuse qu'inattendue.

Pourquoi en avoir honte ? Les visites au centre de la Croix-Rouge commençaient à m'ennuyer. Depuis ma rencontre avec l'orthophoniste, mes rêves s'étaient écroulés. De tous les tissus du corps humain, m'avait-elle expliqué, les tissus nerveux étaient les seuls qui ne se régénéraient pas. Il fallait donc orienter le travail vers une prise de conscience du manque, de la faille, cette gauche fuyante. Apprendre à vivre avec.

Avec, c'est-à-dire sans.

Je lui avais promis de l'aider, mais à la lumière du traité je voyais clairement que l'orthophoniste se trompait de route — et parler de route était déjà une manière optimiste d'évoquer ce réduit carrelé dans lequel ils s'enfermaient tous les deux, elle et mon oncle, trois fois par semaine, sous le regard déformant de la caméra. Là se jouait une pièce où chacun tenait son rôle à la perfection. D'un côté la répétition méthodique des conseils, cette voix calme en dehors du champ, de l'autre une surdité exaspérante. Et plus l'orthophoniste était patiente, plus le cerveau de Paul semblait engourdi. Nulle faille, nulle aspérité à laquelle raccrocher quelque espoir de guérison. L'un gagnait sa vie, l'autre négligeait la sienne. Un monde aux murs lisses les séparait. Un monde plein de louables efforts, de mauvais sang et de bonnes manières que je respectais malgré tout, trop heureuse de trouver un paravent derrière lequel cacher ma tristesse, chaque jour, le temps d'embrasser la joue droite de mon oncle et de m'asseoir sur son lit pour écouter les bavardages de son voisin de chambre.

C'était devenu une habitude, comme d'autres allument la radio avant de se mettre à table. Paul me prenait la main, d'abord il la serrait très fort puis, à mesure que le voisin parlait, la pression se relâchait — terrible sensation que cette moiteur qui s'installait entre nous, cet engourdissement, comme un parfum trop lourd dans une pièce vide. Je retenais ma respiration. Plus tard, ses doigts morts s'abandonnaient sur la couverture orange. Une couverture à bouclettes, un fond de placard maternel.

Alors, je faisais signe au voisin de se taire. Il se tortillait un peu, baissait le ton puis finalement m'obéissait. Je crois que la fixité de mon regard l'impressionnait beaucoup. A pas feutrés, je me glissais hors de la chambre. Paul n'aimait pas être dérangé dans son sommeil. Il supportait encore moins que je lui propose quelque activité qui bouleverserait l'ordre de mes visites. Son ordre à lui, tout orienté d'un seul côté. Souvent j'avais envie de rester debout — audace suprême — de ne pas lui donner la main. Le souvenir du cake me rappelait à la raison. J'avais trop peur de déplaire à mon oncle pour ne pas me plier à ses caprices. Trop peur de ressembler à mes parents.

Je ne m'habituais pas aux paroles ressassées par ma mère (les clientes de son magasin étaient au courant, on demandait des nouvelles du beau-frère, il appartenait désormais à la collectivité, au même titre que les réverbères ou la piscine, puisque piscine il y aurait) : Jamais plus il ne serait capable d'exercer son métier de relieur. Jamais plus il ne pourrait se promener dans la rue sans être accompagné, sous peine de se cogner contre les passants qui marcheraient sur sa gauche. Au mieux, Paul apprendrait à se débrouiller tout seul pour satisfaire ses besoins primaires. Au mieux...

Comme ces mots me blessaient ! N'allait-elle pas se taire ? Mais non, elle continuait. Au pis, il finirait son existence ballotté d'une institution à l'autre, lui et ses caprices, son anorexie et son asthme naissant. Au pis, le reste de sa vie, en poste restante.

Entre les deux — mais ça, les clientes ne le savaient pas — il y avait le livre de M. A. Pearl, et cet amour pour mon oncle que mes parents étaient bien obligés d'accepter, le livre et son quatrième chapitre qui transforma la fillette rêveuse et craintive que j'étais en adolescente révoltée, capable de tous les combats, de toutes les folies pour échapper à la malédiction familiale.

A la malédiction et à l'ennui, puisque ainsi j'appelais pudiquement ce désespoir qui m'envahissait à présent dès que je m'asseyais près de Paul. J'étais gentille, c'est tout ce qu'il trouvait à me dire. Il le répétait au médecin, à l'orthophoniste, les infirmières s'extasiaient. Elle est dévouée, la pauvre, et jolie avec ça, une sorte de grâce animale. Gentille ? Tarte, oui, voilà le mot qui me venait à l'esprit quand je me regardais dans la glace, je suis tarte, avec ma raie au milieu, mes taches de rousseur et mes yeux trop écartés, une bonne pâte piquée à la fourchette, épousant sans coller le moule cannelé, pas de celles qui s'accrochent à la tôle — ah non ! du respect, de la culpabilité et de l'affection, un peu friable, fraîche et fragile sur les bords, trois petits f contre la fatalité majuscule : un vaisseau qui éclate dans l'hémisphère droit, personne n'est à l'abri, et le corps de Paul échoué sous une couverture à bouclettes. « Tu es gentille », me disait-il encore quand je lui offrais le cadeau hebdomadaire, de la part de mes parents, tu es gentille, et je voyais les objets s'accumuler à gauche de son lit. Parfois il ne prenait même pas la peine de défaire les paquets.

Un soir, l'idée me vint que nous l'embarrassions avec notre pitié, ses nœuds et ses emballages gais. Je profitai d'une séance de rééducation pour ramasser tout ce qui traînait dans la chambre. Une allégresse nouvelle accompagna le déménagement de ces choses inutiles. Je les empilai contre le mur, bien en évidence, à la droite de mon oncle. L'espace à gauche du lit serait vide désormais, un vide vertigineux sur lequel je plaçai, comme en suspension, une chaise.

Ah, ce que j'étais gentille ! Une chaise solitaire, du côté négligé. Tout allait bien, parole d'orthophoniste, tout irait bien à présent.

Allongé sous les couvertures, sa barbe de huit mois masquant son visage, ses yeux cernés (et cette toux qu'il avait inventée pour s'empêcher de répondre aux questions des visiteuses), Paul le lendemain du grand ménage me reçut avec un sourire coincé qui en disait long sur la nuit qu'il venait de passer.

« Je désapprouve », lâcha-t-il, et ce fut pour ce matin-là le seul commentaire dont il me gratifia.

J'observai en tous points le rituel par lui-même imposé : je m'assis sur le lit, tendis la main, penchai la tête alors que le voisin, délaissant un album de bandes dessinées, m'adressait quelque chose que je devinai être une formule de politesse. Il semblait inquiet. La présence de cette chaise inoccupée ne lui disait rien qui vaille. Il me la montra du doigt puis se tourna vers les affaires reléguées sur la droite.

« Risquons-nous l'oxygène diminué, s'enquit-il, et la prompette sans le froid ne sera pas très, non, non, justement comme ma mère s'accroche ? »

Je le rassurai. Mon oncle ne préparait pas son départ. Il restait, tout allait bien, il ne partirait jamais. Comment s'appelait donc le chien de la concierge du Kremlin-Bicêtre, son nom m'échappait, c'était une chienne, n'est-ce pas, avec de longs poils, comment s'appelait-elle déjà ?

« Chouquette », grommela mon oncle.

Je le tenais.

Le lendemain et les semaines qui suivirent, Paul eut beaucoup de mal à s'endormir. Je voyais ses yeux se creuser. Il devenait de plus en plus gris, et moi qui m'appliquais à ne rien remarquer... Ah ! la belle vie paresseuse, soupirais-je, loin des soucis de la rue. Ils n'étaient pas à plaindre, lui et son voisin. De vrais coqs en pâte (Paul toussait), cajolés, nourris, sollicités, visités, ils auraient eu tort de s'en priver. L'action, l'action, l'orthophoniste n'avait que ce mot-là à la bouche. Mais avait-il besoin d'agir celui qui possédait en lui la force de ne pas bouger ?

Le voisin aimait bien m'écouter. A son tour, il se laissait bercer par mes encouragements. Peu à peu les rôles s'inversèrent. Bientôt, c'est lui qui s'endormirait.

Je poursuivais : Est-ce que Chouquette aboyait chaque

fois qu'un locataire entrait ou sortait de l'immeuble ? Non. Elle mangeait son jambon rose et regardait calmement la Piste aux Etoiles, allongée sur le canapé de sa maîtresse.

Un pli fugitif aux commissures de ses lèvres, une expression de haine plus que de lassitude : la patience de Paul se lézardait. Mes histoires ne l'amusaient pas le moins du monde. Elles l'empêchaient d'oublier son passé. Il ne m'adressa pourtant aucun reproche jusqu'au jour où, suivant les conseils de M. A. Pearl, je récitai la fable du scarabée. Chouquette fit irruption au détour d'une phrase. Son odeur me revint en mémoire : elle sentait le vieux mégot. Une seule fois j'avais accompagné mon oncle dans la loge. A côté du réfrigérateur s'empilaient des cartouches de cigarettes. Voilà, je m'en souvenais maintenant, la concierge gardait les paquets de gauloises pour venir en aide aux handicapés : contre un certain nombre d'emballages vides, il était offert une chaise roulante à un malade en difficulté.

Cancer des poumons contre deux roues motrices, bronchite chronique ou cécité psychique... « Ton Chataigner, lançai-je au voisin, c'est un cadeau de la Régie des Tabacs ? »

Paul se fâcha. « Tu ne peux pas parler comme tout le monde, s'exclama-t-il, qu'est-ce que tu racontes ? »

Il regarda son voisin qui, lui, appréciait mon discours à sa juste valeur.

« C'est l'autre zigoto qui déteint ? » demanda-t-il.

Bib, Bib, nous repassions près du cercle de la spirale où demeurait l'oiseau. Je croisai les jambes. Dans une fumée épaisse, Chouquette disparut et je pus tranquillement terminer la fable de M. A. Pearl.

Paul ne m'interrompit pas. Il était de plus en plus inquiet à mon sujet. Je ne savais pas très bien où nous allions, mais j'avais la forte impression que nous étions sur le bon chemin.

En traversant Sagny ce soir-là, je me surpris à fredonner. Il y avait du pot-au-feu pour dîner. Je reçus dans mon assiette à fleurs ma part de viande filandreuse, de moelle et de légumes. Mon père se jeta sur la moutarde. Nous mangeâmes en silence. Poireau, carotte et oignon gluant. Nommer les choses avant de les avaler. Mâcher les sons. Comment convaincre Paul de recommencer à s'alimenter convenablement ? Un grain de poivre. Le bouquet garni que l'on traîne, piteux, sur le rebord du plat. Une branche orpheline de céleri que ma mère va pêcher au fond de la soupière. Le bouillon, soi-disant dégraissé. Un navet blanc gentiment abandonné sous ses dehors robustes se partage sur la porcelaine. Deux hémisphères. Navet, racine un peu fade à en croire mes parents, mais où vont-ils fourrer leurs papilles pour ignorer cet arrière-goût insistant de plante crucifère ?

Le lendemain dimanche, Crinoline resta ouvert jusqu'à midi et demi, à cause du marché et de la foire artisanale qui drainaient la population des bourgades voisines. Je me promenai parmi les étalages. J'achetai du pain, du saucisson à la coupe, des oranges et du vin de pays — d'un pays, pas le nôtre, comment les vignes auraient-elles résisté aux pluies de Sagny ? Provisions faites, je retournai à la boutique et annonçai à ma mère que j'allais pique-niquer au centre de rééducation.

Que pouvait-elle dire ? Du rideau de la cabine d'essayage dépassaient deux chevilles comprimées dans des collants d'une angoissante opacité. Je reconnus la droguiste. Elle leva son pied droit, enfila une jambe de pantalon, perdit l'équilibre, puis répéta l'opération de l'autre côté. Enfin son avant-bras surgit de derrière le rideau, ses doigts balayèrent l'espace comme s'ils s'attendaient à rencontrer quelque chose. « Trop petit ! » se lamenta-t-elle.

Ma mère rectifia : « Un peu juste ? Je vous donne le 48, en marine peut-être, c'est amincissant, moins salissant, ça va avec tout et puis je ne l'ai plus qu'en marine, alors comme ça... »

Ma mère se précipita vers la pile des grandes tailles. Elle tenta au passage de me confisquer mon sac pour m'empêcher de partir. Je le serrai fermement contre moi. Sans qu'aucun son ne s'échappe de sa bouche, elle articula les menaces qu'elle n'osait pas prononcer tout haut devant sa cliente.

« Je ne comprends pas, répondis-je d'une voix claire, tu m'interdis de rendre visite à mon oncle, un dimanche ?

— Qu'est-ce que tu vas inventer ? » s'exclama-t-elle en désignant la cabine d'un air affolé — puis tout bas elle me dit que je ne perdais rien pour attendre.

Le 48 tirait au niveau des hanches, le 50 n'existait pas, ma pauvre, non, ni en bleu ni en gris, à partir d'un certain âge nous sommes toutes logées à la même enseigne. Je sortis de Crinoline avec mon pain, mes tranches de saucisson et ce petit 36 que ma mère m'enviait. Elle venait d'acheter par correspondance une bicyclette d'appartement. Mon père n'en voulait pas au salon. Elle l'installerait finalement contre le mur du garage. Là, dans la pénombre, frôlant à chaque coup de mollet d'un côté le crépi, de l'autre l'aile de la voiture, les yeux rivés sur le compte-tours, ma mère pédalerait à la poursuite de son propre corps.

Paul était censé descendre au réfectoire avec les autres pensionnaires, mais on ne pouvait pas l'y conduire de force, aussi lui apportait-on des plateaux-repas qu'il prenait un malin plaisir à laisser intacts. Un jour, je l'avais surpris en train de voler un morceau de gruyère dans l'assiette de son voisin. Ce dernier protesta. Il cria assez fort pour que l'infirmière de service vienne à son secours. « Rareté colmate l'arrogance, s'enflamma-t-il, j'en prie, vous, non, ah non, ça pulvérise ! » Mon oncle engloutit l'objet du délit et certifia qu'il ne comprenait pas ce qui avait déclenché cette colère. Je restai muette. Ce n'était pas la première fois qu'un tel incident se produisait. Quelques semaines plus tôt, le voisin avait renversé un bol plein de soupe dans l'eau des fleurs en hurlant que sa moutarde risquait les crayons. On l'avait attaché à son lit où, piqûre aidant, il s'était endormi.

Depuis la disparition du fromage, le voisin mangeait dans le couloir. Des tablettes à abattant étaient installées entre les portes à cet effet. Seul face au mur, triste et droit sur sa chaise roulante, il se nourrissait. C'est ainsi que je le trouvai ce jour-là, sauçant de façon méthodique son ramequin de macédoine. Je me penchai vers lui, comme pour l'embrasser, et d'un geste prompt subtilisai sa plaquette de beurre. J'avais oublié d'en acheter au marché.

Manquaient les cornichons. Il fallait s'y résoudre : il manquerait toujours quelque chose. Ma mère le répétait assez souvent, rien ne serait jamais plus comme avant — cet avant que Paul évoquait parfois. Il se rappelait l'arrivée des nouveaux habitants, ceux des Coquettes, l'ouverture du supermarché chinois et ces romans-photos qu'il avait reliés plein chagrin pour une infirmière de Bicêtre. Au compte-gouttes, il m'accordait la vision de ce qui deviendrait bientôt un territoire mythique, collage de souvenirs un peu flous où tout apparaissait sur le même plan, anecdotes professionnelles, amours et promenades. De ce passé pourtant si proche ne restait qu'un mot, un cliché : avant.

Et depuis l'hémorragie ? Hier, le mois dernier, dans quelle catégorie rangeait-il ce temps-là ? Je crois que Paul le considérait comme faisant partie d'un grand aujourd'hui.

Mes jours à moi comptaient vingt-quatre heures. A petit univers, petits soucis : je n'avais pas apporté de cornichons. Mon oncle me pria d'entrer, s'étonna de cette visite impromptue puis me quitta des yeux alors que je passai — pour la première fois en sa présence — à gauche de son lit. Je m'assis sur la chaise. Il toussa. L'épreuve de force commençait.

Je sortis mon couteau de poche, coupai le pain, et le tartinai avec le beurre du voisin. Je plaçai une à une les fines tranches de rosette. J'entendis le ventre de mon oncle gargouiller.

Alors, je me mis à manger avec avidité, espérant provoquer chez lui une envie irrésistible de m'arracher des mains cette nourriture qui ne lui était pas proposée. Mon oncle ne broncha pas. Son immobilité me laissa un instant perplexe. Sa mine de chauffeur coincé dans un embouteillage et ce regard insistant qu'il posa enfin sur mon sandwich me redonnèrent courage.

« Laisse-moi, dit-il avec brutalité, je m'arrangerai.

— Tu t'arrangeras pour quoi faire, demandai-je la bouche pleine, je te dérange ? »

Son agressivité prouvait que j'étais sur la bonne voie. Avec une anxiété de collectionneur, il lissa son drap du dessus.

« Tu me donnes des crampes d'estomac », ajouta-t-il. Je me léchai les doigts. « Je te donne », répétai-je, et je m'arrêtai là.

Alors que je tirais du fond de mon sac la bouteille de vin, je vis que Paul luttait contre lui-même pour garder les yeux fixés sur moi.

« Tu bois du vin ! s'exclama-t-il, ça alors, mais je t'interdis... »

Sa tête se détourna mécaniquement vers la droite. Son visage bardé d'un sourire défensif, mélange d'indignation et d'envie, se resserra. De nouveau il m'ignorait.

Comme on agite une cape pour attirer l'attention du taureau, je fis résonner le manche de mon canif sur la bouteille. Je n'étais pas sûre de savoir utiliser le tire-bouchon. Mon oncle repoussa la couverture à bouclettes. Peu à peu, je le sentais perdre patience. J'eus soudain l'impression qu'il allait me renvoyer chez mes parents. La peur de tomber de la chaise m'assaillit — elle flottait, et moi dessus, nous flottions dans l'espace. Paul tel un insecte épinglé se figeait en contrebas, son sommier s'enfonçait dans le sol, Paul fruit confit échoué au fond du moule tandis qu'angélique je m'élevais...

« J'ai piqué le beurre sur le plateau du voisin », lâchai-je, pensant que l'aveu de cet acte indigne m'aiderait à reprendre pied.

Paul sourit. A ma grande surprise, il se leva, saisit son oreiller, le posa de l'autre côté du lit, à la place des pieds, et se recoucha à l'envers. D'un air guilleret, il me tendit la main.

« Bravo, dit-il, voilà qui me rassure à ton sujet ! »

Je n'avais pas bougé, pourtant je n'étais plus à la même place. Par une simple inversion de son corps, Paul m'avait transférée à sa droite. Il pouvait à loisir me regarder maintenant et ignorer le tas de vêtements et de cadeaux enrubannés.

La porte s'ouvrit pour laisser entrer le voisin repu, mais las, chagriné qu'il était d'avoir avalé son repas tête à tête avec le mur. Lorsqu'il aperçut cette bouteille que je serrais entre mes cuisses, imitant en cela les gestes de mon père, il se plaça d'un tour de roue contre ma chaise. Grâce à ses conseils sibyllins, le bouchon n'eut pas trop à souffrir de mon inexpérience.

« Ritons à l'office des tourterelles ! » proposa le voisin d'une voix de chanteur d'opérette. Cette perspective lui donnait des ailes. Il alla récupérer son verre dans le couloir et revint aussitôt vers moi. Je le remplis, il le vida, puis ce fut le tour de mon oncle. Enfin, je me forçai à boire quelques gorgées de vin. Je sentis mes joues s'enflammer.

« Tu sais ce qui me ferait plaisir ? demanda Paul, une tartine de... »

Il désigna du menton les tranches de rosette.

Et voilà. Mon oncle mangeait. Le voisin manifesta son enthousiasme par une salve d'anecdotes. Je lui suggérai de parler moins fort s'il ne voulait pas alerter les infirmières. J'agitai machinalement le bouchon sous son nez. Contre toute attente, il s'en empara et le coinça entre ses lèvres. Les phrases, bloquées à l'intérieur de sa bouche, semblaient chercher une nouvelle issue, ses yeux, peut-être, qui brillaient plus que de coutume, ou ses narines. Les mimiques du voisin provoquèrent chez Paul un de ces rires d'avant l'accident, franc, généreux, un rire en cascade qui me rappela nos promenades au cimetière — mon oncle remplissait un arrosoir à l'entrée, nous nous arrêtions devant une tombe, au hasard, et nous l'aspergions d'eau. Paul évoquait la mémoire du défunt, cher Auguste, disait-il, un vrai boute-en-train.

Le voisin n'enleva son bouchon que pour boire un deuxième verre de vin. Il le remit immédiatement. La bouteille vide atterrit dans la poubelle, là où quelques mois auparavant s'enlisait le cake maternel.

L'odeur de l'orange que j'épluchai envahit la chambre. Paul se pencha vers moi pour me remercier. Je le serrai dans mes bras. Mon corps entier vibra au contact de sa peau. Je me sentis prête à tout pour cet homme, prête à le conduire dans la vie, prête à l'aider dans son travail et à l'aimer, surtout, à l'aimer. Mon existence prenait un sens : je remplacerais désormais la partie droite de son cerveau, rien ne me détournerait de cette tendre vocation. Comme j'étais heureuse ! Dans nos veines coulait le même sang, oui, nous étions les mêmes. Je fermai un instant les yeux. Lorsque je les rouvris, Paul bâillait. Je vis sa barbe, son front barré de rides et ses cheveux qui commençaient à être clairsemés. J'eus envie de pleurer.

Je ne m'attardai pas au centre de réadaptation. Dans le couloir passait un chariot de linge. Légèrement grise, je me cognai contre les montants de fer. M. A. Pearl pouvait se réjouir : j'avais accompli ma mission, mettant en pratique les enseignements du traité. Le quatrième chapitre se refermait sur un exemple rassurant du bon usage des paradoxes et autres inversions salvatrices. Mon oncle avait tout mangé, je repartais les mains vides.

Les semaines qui suivirent confirmeraient l'importance de ce déjeuner impromptu. Mon oncle, sans qu'aucune explication rationnelle ne puisse justifier ce brusque changement, accepta de descendre au réfectoire. Il reprit du poids, se rasa, enfin se fit raser car l'opération était au-dessus de ses capacités. Je suivis tout cela d'assez loin : les infirmières ayant trouvé la bouteille de vin dans la corbeille avaient convoqué d'urgence mon père. Je fus punie et interdite de visite « jusqu'à nouvel ordre ». Personne ne voulut entendre mes explications. Le médecin lui-même m'assomma de reproches. Je ne me rendais pas compte ! L'alcool, mélangé aux médicaments, on ne joue pas avec ces choses-là, j'étais complètement inconsciente...

On laissa, paraît-il, le bouchon au voisin en guise de tétine. Il parlait moins, c'était reposant pour tout le monde. Ma mère retrouva le chemin du centre. Elle m'apprit que l'orthophoniste avait constaté une transformation spectaculaire dans la conduite de Paul (sous-entendu : depuis que je ne venais plus le déranger). Elle le recevait chaque jour désormais.

Un soir, mes parents l'invitèrent à la maison. Je dus admettre que sans sa blouse, et maquillée, l'orthophoniste était très différente. Il fallait l'entendre parler de l'intérêt qu'elle portait au demi-frère de mon père. « Un des cas les plus excitants de ma carrière », disait-elle en baissant la voix.

Ma mère s'était mise en quatre, il y avait trop de tout, le dîner se prolongea. Mon père roucoulait. L'orthophoniste décrivait ses patients sans pudeur aucune, leurs handicaps, leurs progrès, la façon dont les familles réagissaient, et je me sentais gênée pour ces gens qui se voyaient disséqués au beau milieu des plats et des couverts sales. Sur la table s'allongea celui qui, après lésion de son lobe occipital droit, avait perdu la faculté de se reconnaître, celle qui confondait pied de nez et salut militaire, cet autre qui comprenait tout mais dont le vocabulaire se réduisait à un simple mot qu'il prononçait sur tous les tons. Et ma mère de poser des questions. Et l'orthophoniste de répondre.

« Le cerveau n'est plus une boîte noire », proclama-t-elle en se servant de la salade.

Ses cils alourdis par le rimmel voilaient son regard velouté. Elle avait une façon délicieuse de porter la nourriture à sa bouche, par petits paquets bien accrochés à la fourchette. Comment faisait-elle pour former autour de cet ustensile grossier de si fins assemblages ? J'essayai d'imaginer l'éponge enfermée dans son précieux coffret, je regardai encore le visage de l'orthophoniste, ses lèvres minces, son nez trop parfait. Enfin nous nous levâmes de table. J'avais envie d'aller me coucher. Quel serait le sujet du cinquième chapitre de M. A. Pearl ?

L'orthophoniste intercéderait en ma faveur. Bientôt, je pourrais revoir mon oncle. D'ailleurs, il me réclamait. Dans un mois, promit-elle, il faut me croire. En échange elle m'obligea à l'embrasser et me demanda de ne plus l'appeler madame, mais Josette.

Un mois plus tard, l'orthophoniste était renvoyée du centre de la Croix-Rouge. Mon oncle la suivit de près. De beaucoup trop près. On avait découvert parmi les films du laboratoire expérimental trois épisodes scandaleux. Sous l'œil complice de la caméra, Josette entrait dans le cadre. D'une voix moins placide que d'habitude, elle encourageait son patient. Oui, oui, oui, soupirait-elle, en trois lettres elle disait tout : oui.

Si le scandale porta préjudice à la réputation de la famille, il ne fit qu'accroître le chiffre d'affaires du magasin. On voulait savoir qui avait commencé. De la cabine d'essayage, on osait quelque commentaire audacieux. Ma mère attisait la curiosité de cette clientèle avide et dépensière. Ceintures et boucles d'oreilles s'arrachèrent, accrochant au passage des bribes d'informations plus ou moins croustillantes concernant le beau-frère héminégligent et sa dulcinée. Elle s'occuperait de lui. Il toucherait une pension d'invalidité. Les cassettes incriminées avaient disparu. Les avait-elle visionnées ? De quoi s'agissait-il exactement ?

En guise de réponse, ma mère sortait de son tiroir une pile de foulards, commande malencontreuse d'une saison révolue, carrés de soie trop chers, trop gais, trop grands pour la région. Dès l'apparition de ces bâillons aux griffes renommées, les appétits se calmaient. On voulait bien payer, mais tout de même, un foulard à ce prix, il y avait des limites.

Sagny, rideau de pluie, rideau de cretonne, derrière la

Longuemare commencèrent les travaux. L'unité de traitement des déchets, malgré la pétition, serait mise en service avant la fin de l'année suivante. La peinture des persiennes de l'hôtel commençait à s'écailler. Me demander de l'appeler Josette, après ce qu'elle m'avait fait, comment osait-elle ?

VI

Paul négligeait-il son sein gauche ? Lui caressait-il toujours la même cuisse ? J'enrageais. Malgré les dérapages du laboratoire expérimental, l'orthophoniste fut bien vite adoptée par la famille reconnaissante, louée de toutes parts, admirée enfin pour ses qualités professionnelles et sa façon de prendre la vie du bon côté.

Du bon côté... Miracle sous l'enseigne de la Croix-Rouge : la providence s'appelle Josette — et comme toute providence digne de ce nom, Josette avait été chassée du temple.

Josy, ou l'envol thérapeutique, quelle imposture ! Paul ne méritait pas cela. J'aurais dû le laisser végéter, me disais-je dans un sursaut d'amertume, comme un vieux garçon qu'on abandonne à ses manies, n'exciter ni sa curiosité ni son appétit, le garder pour moi, aux côtés de Perle, mon amie morte.

Depuis le départ de Paul, je pensais souvent à elle. J'imaginais ses tableaux, et cela me redonnait confiance en moi-même. Son trait avait gagné en précision, ses couleurs chaudes et vigoureuses bouillonnaient en bordure de toile. Elle peignait maintenant l'intérieur de ses personnages, leur peau n'étant qu'une pelure diaphane destinée à réunir des organes disparates. Si la lucarne qui s'ouvrait en haut du crâne permettait de voir les circonvolutions du cerveau, n'était-il pas possible d'appliquer le même procédé aux autres parties du corps ? A la lumière du travail de Perle, l'écorché démontable qui avait servi de base à mes leçons de sciences naturelles m'apparut comme une représentation bien sommaire de notre anatomie, une caricature en somme, un portrait-robot. Comment n'y avais-je pas songé plus tôt ? Ma rate et mes poumons ne ressemblaient pas plus à ceux de Sandrine que ma bouche ou mes oreilles à celles de Josette. Un nouveau champ d'observation s'offrait à moi, plus vaste que le précédent, et tout aussi excitant.

Parfois, je me demandais s'il n'était pas temps de renoncer à mon amie morte. N'avais-je pas assez de camarades au lycée ?

Assez, il est vrai, j'en avais assez. Trente-deux dans ma classe. Pas une qui ne sache, pas une qui ne devine, pas une mais dix, vingt adolescentes qui se plaignaient ou s'enthousiasmaient en chœur, prêtes à se battre pour les mêmes causes, aimant les mêmes musiques, portant les mêmes vêtements, chahutant les mêmes professeurs.

Perle était ailleurs, Perle était unique — Perle existait, et j'aurais été bien en peine de la faire disparaître. Le traité un instant me rassura à son sujet. Les individus dotés d'une imagination fertile, lisait-on, progresseraient plus vite que les autres dans l'apprentissage des techniques d'induction. Le cinquième chapitre s'intitulait : « Rien n'est immuable » et traitait des bénéfices secondaires liés à l'hypnose. Je le parcourus sans y prêter grande attention. Le livre s'éloigna.

L'orthophoniste m'invita à plusieurs reprises avant que je n'accepte de me rendre chez eux — car désormais Paul habitait avec elle un appartement situé au dixième étage d'un immeuble planté au milieu des champs de colza, à une heure de Sagny, quelques kilomètres seulement à vol d'oiseau, mais il fallait faire un détour immense pour traverser le cours de cette autoroute qui marquait la frontière entre les deux frères. Je soupçonnais l'orthophoniste d'avoir choisi ce lieu de résidence pour ne pas être exposée de façon quotidienne aux bourdonnements de sa belle-famille — et à ceux, non moins agaçants, de la clientèle maternelle. Elle s'assurait par là même la responsabilité totale de Paul.

L'atelier de mon oncle avait été récupéré par son associé. Je me demandais s'il avait conservé sa collection de petits papiers.

Ah ! la première fois... Quatre heures tapantes, une paire de jacinthes épanouies sous le bras, les cheveux aplatis par mon casque de solex, j'appuyai sur le bouton de l'interphone où ne figurait que le nom de l'orthophoniste. Sa voix déformée résonna dans le hall.

« C'est Cora », criai-je en m'approchant volontairement trop près de la fine grille qui protégeait le micro.

Dix étages plus haut, la providence dut sursauter. Je l'entendis jurer. Le système d'ouverture de la porte se déclencha. Dans l'ascenseur, je me répétai les raisons de ma présence : cela devait être clair dès le premier mot, je ne venais pas la voir, je venais voir mon oncle — et bien sûr c'est elle qui m'attendait sur le seuil en se grattant l'oreille, elle qui essaya de poser ses lèvres rouges sur mes joues. Je lui signifiai mon intention de ne pas me laisser impressionner par ses tentatives d'adoption en lui collant le pot de fleurs entre les mains. Le pot, son papier crissant et sa cascade de nœuds écrasés. Sans attendre les remerciements, je m'échappai vers ce qui devait être la pièce principale, à droite, tout de suite en entrant. Paul s'avançait à ma rencontre.

Alors, je n'eus plus envie de m'enfuir. Nous nous embrassâmes tendrement, comme autrefois, lorsque ma mère me confiait à lui avant de partir à la conquête de ses fournisseurs du Sentier — mon oncle m'attendait au terminus de l'autobus 47, il me soulevait de terre, je frottais mon nez contre le sien. Aujourd'hui, je n'avais même plus besoin de me mettre sur la pointe des pieds.

Paul m'entraîna dans une visite de l'appartement. Je fus éblouie par l'aisance avec laquelle il se déplaçait. Pas une fois il ne se cogna contre les meubles. Je compris par la suite que son itinéraire avait été répété, travaillé longuement à mon intention. Il aurait pu parcourir l'espace les yeux fermés. L'orthophoniste applaudit lorsque, après un demi-tour périlleux entre le couloir et la bibliothèque, son protégé me poussa de nouveau vers le salon.

« Bravo, mon chéri, frétilla-t-elle, c'est un sans-faute ! » et elle se jeta sur ses lèvres pour lui imprimer le baiser qu'elle n'avait pas réussi à m'infliger. Mon oncle s'essuya la bouche du revers de la main. Elle recommença (cette obstination à marquer son territoire était ridicule), puis, comme si elle se souvenait soudain de ma présence, me demanda : « Qu'est-ce que tu en dis ? » D'un geste large elle désigna l'appartement.

Je n'en disais rien.

« Ça te plaît ? » insista-t-elle.

Je jetai un regard circulaire puis baissai les yeux. Le sol était recouvert d'un tapis de corde. Je répondis que c'était une bonne idée de ne pas avoir mis de moquette. Paul acquiesça. Je ne voulais pas lui faire de peine, mais je détestais le rotin — et du rotin il y en avait partout, peint, vernis ou simplement teinté ; tressé, tourné, tissé ; décliné sous toutes ses formes, lit, corbeilles, étagères, abat-jour et cache-pots, les bibelots même portaient l'uniforme, à vous dégoûter à jamais du jonc et de ses dérivés. Paul s'assit près de la baie vitrée. Des traces de détergent venaient brouiller les reflets du ciel. Le fauteuil craqua sous le poids de mon oncle. Il avait grossi. Il plongea sa main droite dans un panier plein de cacahouètes.

« C'est clair ici », commenta-t-il.

En effet, chacune des pièces s'ouvrait largement sur les champs de colza. Même vue, d'est en ouest, même paysage hépatique. Au loin, de l'autre côté de l'autoroute, s'élevait le nouveau complexe commercial de Sagny. On apercevait sur la droite la façade aveugle du centre de rééducation fonctionnelle.

« C'est clair », répétai-je.

Josette disparut dans la cuisine. Paul continuait à gober ses cacahouètes. Un liquide trouble arriva bientôt dans une carafe, de la citronnade industrielle, suivie par les jacinthes qui furent posées dans une coupelle sur la commode. Libérées de cet emballage savant qui les retenait ensemble, elles paraissaient beaucoup moins fraîches. Le voyage en solex ne leur avait pas réussi. Les tiges épaisses commençaient à ployer sous la masse imposante des grappes de fleurs. Un parfum suave envahit la pièce.

« Les jacinthes, ça orne bien », dit Josette, puis elle leur tourna le dos.

La conversation s'engagea sur les avantages de la vie à la campagne. Nous écoutâmes les propos enthousiastes de l'orthophoniste. Je faisais semblant de la regarder, mais au-delà de son visage j'assistais à l'effondrement lent et inexorable des fleurs roses. Attirées par ce napperon qui recouvrait la commode, se séparant toujours un peu plus, elles n'en finissaient pas de tomber. Enfin — et ce fut presque un soulagement pour moi — elles s'affalèrent de chaque côté de la coupelle, reniflant comme des chiens curieux le napperon de coton blanc. Seules les feuilles vert tendre, gentiment incurvées, assuraient sans relâchement inopportun leur petit travail ornemental, tendues vers le plafond dans l'attente de quelque récompense divine.

« J'ai lu hier la description d'un cas amusant, disait encore l'orthophoniste, revenant à son sujet de conversation favori, il s'agit d'un épileptique américain à qui on a sectionné le corps calleux... »

La tige de droite commençait à se fendre. L'orthophoniste remarqua mon regard anxieux et, se méprenant sur les raisons de cette inquiétude, me donna quelques explications techniques concernant le fonctionnement du cerveau. Elle en parlait comme d'une vulgaire mécanique.

« Le corps calleux, récita-t-elle, est un réseau de fibres nerveuses ayant pour mission de transférer les informations d'un hémisphère à l'autre. »

Je lâchai un sourire de convention.

« Le malade donc, après avoir subi cette opération, vécut à peu près normalement, jusqu'au jour où un de ses amis le surprit dans une situation singulière : alors que sa main droite essayait de battre sa femme, son bras gauche la protégeait ! »

Paul secoua la tête. Un oiseau se cogna contre la baie vitrée puis plongea dans le vide. L'orthophoniste voulut débarrasser la table. Je me levai, ne bougez pas, madame, balbutiai-je, je vais le faire, elle fronça les sourcils (je ne tenais pas à ce qu'elle voie les fleurs avant mon départ), et surmontant mon aversion je m'entendis la tutoyer et pour la première fois prononcer son prénom.

« Laisse, Josette, articulai-je péniblement, je m'en occupe. »

L'orthophoniste victorieuse se rassit. « Tu peux m'appeler Josy, lança-t-elle d'un ton badin, ou tante Josy, si tu préfères, ce serait drôle. »

Hilarant, en effet. Avaient-ils l'intention de se marier ? En signe de protestation, je laissai échapper la carafe. Elle tomba sur le tapis avec un bruit mat et se vida en glougloutant entre les pieds du canapé. Je me répandis en excuses. Paul me réconforta. « Ne t'inquiète pas, dit-il, ça ne changera rien. » De quoi parlait-il ? L'orthophoniste profita de mon désarroi pour se retourner.

« Mon dieu, s'écria-t-elle, mes jacinthes ! »

Son honneur eût-il été en jeu qu'elle n'aurait pas réagi autrement. Elle se précipita dans la cuisine, en revint avec une grosse éponge, une baguette ornée de chinoiseries, de la ficelle et un couteau. Ainsi équipée elle mesura la plante des yeux, prête à relever le défi, m'abandonna l'éponge et, de cette main experte habituée à redresser les situations difficiles, érigea un tuteur en bordure de bulbe. Puis elle coupa un morceau de ficelle qu'elle enroula plusieurs fois autour des deux tiges — celle de droite intacte et l'autre fissurée, découvrant son intimité béante, perlée de gouttelettes. Un double nœud conclut l'opération.

Le tapis ayant absorbé la citronnade industrielle, il n'y avait rien à nettoyer, ni pulpe ni pépin, pourtant je restai là, à quatre pattes, passant et repassant l'éponge entre corde et rotin. Je revoyais le fleuriste, sa façon de saisir le papier transparent et de l'agrafer, les mouvements souples de son poignet, la métamorphose des rubans plats en volutes légères, ces rubans tirés entre son pouce calleux et la lame des ciseaux. Je pensai au patient épileptique, l'Américain dont on avait déconnecté les deux hémisphères. Perdue dans mes rêves, mécaniquement, je frottais. La voix de l'orthophoniste me rappela à l'ordre.

« Arrête donc de t'agiter comme ça ! »

Josette s'énervait. Je sentis que cette fois j'avais définitivement gagné son antipathie. La narguant d'un regard de Cosette apeurée, je m'acharnai de plus belle. L'éponge partait en morceaux, des algues au fond de l'aquarium, lambeaux humides qui restaient coincés entre les cordes du tapis.

« Tu m'écoutes, cria-t-elle, ça suffit ! »

Paul ne comprit pas pourquoi Josy me parlait sur ce ton. « Je t'en prie, s'exclama-t-il, qu'est-ce qui te prend soudain ? »

L'orthophoniste rougit.

« Il n'y a pas de mal, tante Josette », dis-je d'un ton mielleux, affichant ouvertement cette fois mon aversion pour cette appellation ridicule.

Je savourais ma revanche. Sans commentaire, elle alla s'enfermer dans la chambre. Quelques minutes plus tard, elle en ressortit, enveloppée dans cet imperméable aubergine qui lui battait les chevilles, un sac à provisions jeté sur l'épaule. Des lunettes de soleil parfaitement déplacées cachaient ses cils maquillés. La porte d'entrée claqua. L'ascenseur fit entendre son grognement de bête qui n'aime pas être dérangée, lourdement il s'éleva dans la cage d'escalier, puis s'arrêta devant la grille du dixième étage. Un grincement sinistre, encore ce grondement : la cabine se laissa choir, emportant loin de nous le corps de l'orthophoniste.

« Elle va se passer les nerfs au supermarché, expliqua Paul. Il faut se mettre à sa place, ce n'est pas facile tous les jours... »

Maintenant qu'elle était partie, je me sentais prête à lui trouver toutes les excuses du monde. J'imaginais le grand imperméable longeant les champs de colza en fleur — Josette perd l'équilibre, ses lunettes tombent, elles s'enfoncent dans la boue ; Josy éblouie les cherche à tâtons, luttant contre cette lumière jaune qui l'attire, qui la happe, tante Josy dérape. Elle se retrouve plongée dans un bain de friture, rondelle d'aubergine saisie à l'italienne, salée, puis dégraissée sur le napperon blanc des jacinthes. Josette cuite à point, fondant contre le palais, oui, je lui pardonnais sa colère, un emportement bien légitime, un peu disproportionné, certes, mais dont la violence même me fit prendre conscience de l'importance que je revêtais à ses yeux. Elle était jalouse de moi, quel bonheur ! Elle me traitait d'égale à égale, non plus comme la petite nièce que Paul depuis toujours protégeait, mais comme une femme.

Une rivale, sans fards.

Forte de ces considérations, j'abandonnai l'éponge par terre et, contournant la table basse, repassai du bon côté de mon oncle. Je m'assis à ses pieds. Il posa la paume de sa main droite contre ma nuque puis, remontant le long du crâne, glissa ses doigts dans mes cheveux. Je restai immobile, retenant ma respiration, jouissant de ce moment avec l'impression de vivre un miracle très naturel. Les incantations de M. A. Pearl, par vagues, me revenaient en mémoire. UN, tandis que votre regard se fixe sur les lettres qui défilent, DEUX, par la seule force de votre désir, tout se passe comme si rien d'autre n'existait, TROIS, un bien-être profond vous envahit...

« On se dispute souvent, lâcha Paul, pourtant il faut reconnaître qu'elle m'aime beaucoup. »

Sa langue fourcha sur la fin de la phrase. Avait-il dit « qu'elle m'aide », ou « qu'elle m'aime beaucoup » ? En toute mauvaise foi, j'adoptai la première version. Elle flattait mon ambition secrète, cette envie grandissante de dénouer la ficelle, d'enlever le tuteur — en termes clairs de présider à l'éviction de l'orthophoniste. Je sentis ma colonne vertébrale s'appuyer contre la jambe de mon oncle. Geste délibéré ou maladresse d'héminégligent ? Paul laissa tomber son bras gauche par-dessus mon épaule.

« Depuis mon départ du centre, reprit-il, je voulais t'écrire, mais c'est encore difficile pour moi, j'oublie la moitié des mots, j'ai beaucoup de peine à me relire. Bien entendu j'aurais pu dicter mes lettres à Josy... Une certaine pudeur m'a empêché de le faire. Elle reste persuadée que j'ai recommencé à manger grâce à son intervention... »

Je ne savais rien encore de la lâcheté (ces paupières qui se baissent sur un pâle sourire), rien que des choses sans importance, fuites ou mensonges bénins, et mon jugement peu exercé à en reconnaître les signes s'empressa de condamner la Providence, alias Josette, tante Josy chérie. Mon oncle, pensai-je, avait bien essayé de la détromper, mais l'obstination l'avait rendue sourde, et ses explications n'avaient servi à rien. Je me cambrai légèrement afin de reposer mon cou entre ses genoux.

« Si tu n'avais pas été là, poursuivit-il, mon séjour au centre de rééducation se serait très mal terminé. D'ailleurs, dès que tu as été interdite de visites, je me suis débrouillé pour quitter les lieux. Vraiment, je crois que sans ta présence quotidienne... »

Paul s'interrompit. Il regrettait peut-être de m'avoir infligé cette analyse quelque peu sommaire de la situation. Je ne m'attendais pas à ce qu'il me décrivît les images du film expérimental, mais enfin, comment oublier ces cassettes dont le seul contenu avait suffi à faire licencier une orthophoniste confirmée, sans préavis, pour faute professionnelle grave ? Je n'insistai pas. D'un ton léger je lui demandai des nouvelles de son ex-voisin de chambre. Il allait bien. Toute son affection s'était transférée sur le bouchon. Il ne le quittait plus. Voulait-on le lui retirer de la bouche qu'il se mettait à hurler. J'imaginai le liège, comme une éponge, s'imprégnant de ses mots. Mon oncle se tut. Je fermai les yeux. Un point jaune vif au centre d'un tourbillon rouge s'inscrivit à l'intérieur de mes paupières. Je pensai à mes parents. La pharmacienne leur avait raconté qu'on guérissait autrefois les aphasiques en leur administrant un mélange d'ammoniaque et d'esprit-de-sel. Ma mère le répéta à tout le monde, comme si la prescription de ces remèdes mystérieux pouvait à elle seule justifier l'exaspération qui la gagnait dès que le voisin de Paul l'entreprenait sur les faisselles de canard ou la brute des gommes à traire. Un soir que nous dînions toutes les deux, j'avais essayé de lui démontrer que son incompréhension était à la mesure de son impatience. Il ne fallait pas s'arrêter à la signification apparente des phrases du voisin, mais s'attacher à leur rythme, à leurs intonations, alors elles se révélaient sous un jour nouveau.

Ma mère m'avait dévisagée d'un air sceptique. Pendant tout le reste du repas elle m'avait observée comme si elle n'était pas bien sûre de me reconnaître. Je compris ce jour-là que je lui faisais peur. J'en éprouvai une gêne immense.

Paul ne bougeait pas. S'était-il assoupi ? Pour calmer mon impatience, je me remis à compter. C'était la première fois que je voyais mon oncle seul depuis qu'il vivait avec Josette. Voilà, nous savourions nos retrouvailles, tristement.

Le silence s'éternisait. Je n'arrivais pas à me concentrer sur les chiffres. Je rouvris les yeux. La tache jaune suivit un temps le battement de mes paupières, puis s'évanouit. Les lambeaux d'éponge se racornissaient dans les interstices du tapis. La lumière avait changé, le vert des feuilles paraissait moins tendre. J'en vins à souhaiter le retour de l'orthophoniste. L'imperméable de tante Josy, tout luisant d'huile de colza, passerait à côté de nous. Ou tomberait sur le sol de la cuisine.

Mes pensées tournaient en rond et la Providence se faisait attendre. Je commençais à désespérer lorsque, obéissant à une force qui me dépassait, je levai mes deux bras au-dessus de ma tête, comme pour attraper un ballon. Alors Paul approcha son visage et, se baissant, le posa sur le socle de mes paumes offertes.

VII

Le timbre aigu de la sonnette retentit. Paul resta allongé. Je lui faisais face. Il posa son index sur mes lèvres humides.

« Tu ne le répètes à personne, chuchota-t-il, c'est promis, pas même à tes parents, je peux compter sur toi ? »

Pour qui me prenait-il ? Surtout pas à mes parents, pauvres créatures, dans quel gouffre les aurais-je précipités ! Je ne leur voulais aucun mal, non, à cet instant précis j'éprouvais même une certaine tendresse envers ma mère, son vélo d'appartement relégué au garage, sa veste de daim qu'elle ne fermait plus et ses cheveux bouclés dont la couleur, les années passant, s'était quelque peu stabilisée — un orange velouté qui me rappelait cette sauce pastel (la sauce aurore, je crois), mayonnaise douceâtre que mon père utilisait deux fois l'an, lorsqu'il préparait sa spécialité : les avocats aux crevettes. Le reste du temps, le pot de verre stationnait dans le bas du réfrigérateur, celui-là même qui avait essuyé la grande hémorragie.

« Mon thon, mon thon entier ! », je me souvenais de ses

cris, petite mère, comme elle me semblait fragile, malgré sa voix puissante et son stock inépuisable de foulards griffés. Il ne faudrait pas oublier de lui fêter son anniversaire. Paul me demanda à quoi je pensais.

Nouveau coup de sonnette, ultimes complicités. En rajustant mes vêtements, je m'élançai vers l'entrée et collai ma pupille aussi près que possible de l'œil de la porte. Happé par mon regard indiscret, le visage tout en nez de la Providence s'incurva dans la lentille. Son buste croulait sous le poids de sacs débordants de victuailles. Elle en avait de chaque côté, creusant les épaulettes de son imperméable, et d'autres encore accrochés à bout de bras. Elle aurait pu les déposer sur le paillasson, mais non, elle préférait les porter, assumant avec vigueur et ostentation son rôle provisoire de femme au foyer.

Je vis son coude se lever. Je ne lui laissai pas le temps de presser le bouton de la sonnerie. Ma façon angoissée de dire : « C'est qui ? », comme si nous n'attendions personne, la heurta de plein fouet. Elle suspendit son geste. La peau un peu grasse de son front se plissa, entraînant une dilatation sensible de ses jolies narines. Par contagion, sa lèvre supérieure se souleva, découvrant des incisives très blanches qui se mirent à osciller d'avant en arrière, tour à tour minuscules ou démesurées selon la place qu'elles occupaient par rapport à la porte : l'orthophoniste frappait, le bois résonnait sous son index replié et moi je l'aurais volontiers plantée là, sur le palier, qu'elle s'y enfonce, qu'elle s'y enlise, mêlant ses radicelles aux poils drus du paillasson, qu'elle y prenne racine et s'épanouisse, avec ou sans tuteur, avec ou sans ficelle, mais loin de mon oncle, de l'autre côté du mur, loin de nous et notre tout nouveau bonheur.

Malgré mes imprécations, Josette garda figure humaine. Nulle excroissance ne bourgeonna aux commissures de ses lèvres, adieu limbes, pétales, bêches et sécateurs, même les nervures de son front commençaient à s'estomper. D'un ton péremptoire, l'orthophoniste laissa tomber deux mots de circonstance, « c'est moi », annonça-t-elle, formule parfaitement adaptée il est vrai à la situation et dont la concision autant que l'évidence portèrent un coup fatal à mes fantasques résolutions : pousser les deux verrous, entasser les meubles de rotin dans l'entrée, me barricader avec mon oncle.

« C'est moi ! » répéta Josette.

Je ne bougeai pas. Paul devait se demander ce que j'attendais.

« J'ai oublié les clefs », ajouta-t-elle, comme si elle avait besoin de se justifier.

Enfin je lui ouvris la porte. Elle se précipita vers le salon. Faisant écho à mes illuminations végétales, les queues vertes d'une botte de gros poireaux qui jaillissaient d'un de ses filets à provisions balayèrent la bibliothèque du couloir. N'y tenant plus, une tomate comprimée s'abandonna sur la tranche d'un livre. Je souris à la lecture du titre de l'ouvrage souillé. Il s'agissait d'un manuel de correspondance qui me rappela la solution de repli évoquée dans le quatrième chapitre, l'étude de *La peinture sur soie en dix leçons.* Je remerciai la tomate d'avoir su exprimer mes sentiments intimes, et me venger des allusions de l'auteur du traité d'hypnose. A insinuations perfides, piteux hommage. La coudée jaune progressait. Tante Josy revint vers moi. « Heu, ça va ? » geignit-elle.

L'orthophoniste aurait dû deviner à ma mine épanouie que tout s'était bien passé. Elle s'alarma de ne pas trouver Paul assis à sa place, près de la baie vitrée. Je la rassurai : il se reposait. Elle ne voulut pas le déranger — secrètement je lui en rendis grâce, comme si une partie de moi-même était restée dans la chambre conjugale. Je suivis l'orthophoniste à la cuisine et la regardai déballer ses achats, debout juste derrière elle, sans lui proposer de l'aider, attendant qu'elle eût vidé le dernier sac en plastique pour prendre congé et la remercier de son accueil. Elle évoqua l'odeur délicieuse des jacinthes, j'étais chou, il n'aurait pas fallu. Je retardai autant que possible mon départ, espérant que Paul se lèverait. A court d'idées, je la priai une nouvelle fois de m'excuser pour la citronnade, elle me répondit de ne pas m'inquiéter (qui disait que je m'inquiétais ?), la maladresse de son ami l'avait habituée à ce genre d'incident — mais lui, ce n'était pas sa faute. Afin de limiter les dégâts, elle envisageait de lui servir ses repas dans de la vaisselle en plastique. Il ne ferait pas la différence et pour elle ce serait plus simple.

Comment osait-elle parler en ces termes de l'homme qui partageait sa vie ? Paul, mon oncle, buvant dans un verre à dents. Paul relégué à son fauteuil en bordure de baie. Vitrée. Je soupirai. Tante Josy me poussa vers la sortie. Oui, j'avais passé une bonne après-midi, lâchai-je encore sur le palier. Soulagée de me voir enfin quitter les lieux, l'orthophoniste prononça cette phrase que je n'oublierais pas. « Tu es ici chez toi, dit-elle machinalement, il faudra revenir, maintenant que tu connais le chemin. »

Je répondis qu'elle pouvait me faire confiance. Devinat-elle à mon intonation que mes mots dépassaient le cadre purement formel dans lequel étaient placés les siens ? Elle tempéra ses propos en me rappelant les dangers de rouler en solex sur la nationale.

« Les accidents à deux roues, ajouta-t-elle, ce sont les pires. »

Josette s'approcha de moi. J'esquissai un mouvement de recul. Nous nous embrassâmes presque sans nous toucher, comme si nous redoutions, cédant à nos instincts, de nous mordre.

« Des blessures épouvantables, insista l'orthophoniste alors que je pénétrai dans l'ascenseur, sans compter les traumatismes crâniens. Quoi de plus triste que ces jeunes gens fauchés dans la force de l'âge, ces gamines de quinze, seize ans... »

Elle me regarda et, réalisant soudain la teneur implicite de ses mots d'adieu, devint écarlate. Mentalement, je lui ordonnai de ne pas bouger. Je restai muette, fixant ces yeux qui essayaient de s'échapper mais qu'une force mystérieuse retenait là, rivés aux miens. Ah ! elle me voyait à demi morte, allongée sans connaisance au bord du fossé, façon moulinette à légumes, version pomme de terre écrasée, paralysée à vie.

« Elle est incapable de bouger », répétai-je, mettant en pratique les conseils de M. A. Pearl. « Seul son bras se lève, il se lève... »

Tout se passa en quelques secondes. Josette porta une main engourdie à son front. Le plafonnier du couloir s'éteignit, elle n'essaya pas d'aller le rallumer. L'ascenseur brillait dans l'obscurité, je le voyais qui se reflétait dans les pupilles de l'orthophoniste. Mon corps dédoublé occupait le centre des rectangles blancs. J'étais, nous étions calmes. Je pensai aux cercles noirs dessinés sur le mur de ma chambre. Une fois de plus, l'image se reproduisait, inversée.

« A bientôt, tante Josy », articulai-je.

Un gémissement s'échappa de ses lèvres. Mon cœur battait très fort. Je la sentais partir, attirée dans le maelström des mots, ceux du traité, ceux de M. A. Pearl, se mettre en orbite autour de la spirale, elle s'éloignait de moi, alors je lui commandai de se réveiller et de tout oublier, la fuite, ce tourbillon et mes paupières immobiles.

Elle se dirigea à tâtons vers le commutateur. La porte de l'ascenseur se referma, en grinçant.

Saine et sauve, j'arrivai à la maison. J'avais roulé le plus vite possible, pour conjurer le mauvais sort, malgré la pluie et ce solex qui menaçait à chaque flaque de déraper. Je téléphonai aussitôt à Paul. Il me raconta que tante Josy avait eu un léger malaise, juste après mon départ. Elle dormait à présent. Ces courses au supermarché l'avaient épuisée. Elle n'avait fait aucun commentaire sur ma visite, non, elle ne se doutait de rien et mon oncle m'embrassait très fort.

« Je t'embrasse », chuchota-t-il encore avant de raccrocher.

Comme promis je revins, je revins même plus que de raison, la semaine suivante, celle d'après, offrir d'autres fleurs, semer d'autres regards et cueillir, entre les pieds de jonc, ces bouquets d'herbes folles qui bientôt envahiraient les tableaux de Perle. J'étais heureuse. Au lycée comme à la maison, je me comportais de manière à éviter les remous — même si parfois j'en provoquais malgré moi. Confortablement installée sur mon matelas pneumatique, dans cet état de torpeur lucide cher à M. A. Pearl (de nouveau à l'honneur depuis l'expérience de l'ascenseur), j'observais parents et enseignants avec un égal bonheur. Ils s'agitaient, tiraient leurs cheveux vers l'avant, se frottaient le nez. Leurs gestes parasites me fascinaient. Je riais toute seule. Les professeurs croyaient que je me moquais d'eux. Ils se trompaient : j'étais simplement la proie d'étranges hallucinations, perceptions fugitives qu'il m'eût été difficile d'étaler sur la place publique, non par hypocrisie comme je me l'entendis reprocher, mais par pudeur. Comment expliquer, en effet, que vous venez d'imaginer, entre les seins rebondis de la directrice, un magnifique tatouage représentant l'appareil génital de son mari ? Il n'était qu'un lieu, à ma connaissance, où ce genre de fantaisie pouvait s'épanouir en toute liberté. Un lieu, à moins qu'il ne s'agît d'un moment : à la nuit tombée, sous les pinceaux de mon amie morte.

Lorsqu'on m'accusait, donc, je préférais me taire. Je me contentais d'esquisser un léger mouvement de la bouche ou des yeux, un peu mièvre de préférence, dans l'espoir d'amadouer les plaignants.

« Et elle persiste ! » s'indignaient-ils.

Mon silence les incitait à élever la voix. Mes mimiques étaient souvent interprétées de travers. Je ne devais pas bouger comme tout le monde. Ils me taxaient d'insolence, proféraient des menaces qui planaient au-dessus de ma tête sans jamais me toucher, oui, je les voyais tournoyer comme des hirondelles suspendues aux nuages par de petits élastiques, tourner et se retourner contre eux, tant il est difficile d'atteindre une jeune fille qui sourit.

Une fois — une seule — je tentai de justifier mon attitude. Le résultat fut désastreux. Il s'agissait pourtant d'une vision convenable qui mettait en scène Bib et son perchoir doré. Mon interlocuteur (un jeune professeur d'éducation physique, très sensible au demeurant, et qui ne me laissait pas indifférente) m'interrompit violemment. Il ne fallait pas le prendre pour un imbécile, dit-il, avec mes histoires de perruche peinte. La question posée était simple : pourquoi avais-je ri pendant sa démonstration au trapèze ? Il voulait la vérité, là, très vite, en deux mots.

La vérité, en deux mots, rien de moins.

Je réfléchis. La vérité, en deux mots, c'était un de trop. J'avouai mon impuissance, haussant légèrement les épaules en signe de capitulation. Le professeur m'entraîna dans un coin des vestiaires. Je sentis qu'il brûlait d'envie de me gifler, mais la voix de l'inspecteur d'académie dut résonner à ses oreilles car il expira bruyamment, puis inspira par le nez, et se contenta de répéter que j'avais du culot, ah ! quel culot, s'exclama-t-il, elle a du culot celle-là, et pour couronner le tout : « Ces filles, elles ont du culot. »

Je devinai qu'une fois de plus le mouvement qui avait accompagné mon acte de reddition avait été mal compris. J'essayai de lui démontrer, attitudes à l'appui, qu'il y avait façon et façon de hausser les épaules. On pouvait les monter doucement en les avançant, les bras ouverts, ce qu'il me semblait avoir fait très exactement ; cela signifiait qu'on était désolé, qu'on ne savait pas. Il était également possible de leur imprimer une impulsion rapide vers le haut et de les relâcher (en émettant, de façon accessoire, un léger pff) pour exprimer la raillerie, le dédain ou l'indifférence.

« Ce qui n'était absolument pas le cas », conclus-je en le regardant droit dans les yeux.

Ma démonstration lui arracha un sourire. Je réalisai que j'avais parlé très lentement, en mesurant mes gestes, afin de ne pas laisser échapper cette fois de signes parasites. Il me tendit la main d'un air évaporé. Que voulait-il ? Nous portions tous les deux des shorts blancs, assez courts, bordés d'un liseré vert.

Il s'appelait monsieur Robin. Léo Robin. J'aimais aussi son nom. Pendant l'heure du déjeuner, au lieu d'attendre la reprise des cours dans la salle des professeurs, il descendait dans le préau. Après l'épisode du trapèze, il m'arriva d'aller m'asseoir à ses côtés. Il disait que je l'intriguais. J'appris un jour que son vrai prénom était Léon, quelle déception, le *n* était tombé de lui-même, seuls ses parents s'y cramponnaient encore. Enfin Léo répondait à mes questions et se montra très coopératif malgré tout ce qu'il pensait des filles de mon âge. Ce fut le seul homme, après mon père, à qui je révélai l'existence de Perle. Nos conversations rebondissaient avec une légèreté affolante, nous sautions très vite d'un sujet à l'autre, nous prenions trop de plaisir à nous parler.

Les mois passant, Paul se plaignit de ne pas me voir assez souvent, aussi trouvai-je un prétexte pour multiplier les visites sans attirer l'attention de mes parents ni exciter bêtement la jalousie de l'orthophoniste : les papiers personnels de mon oncle ayant été rapatriés du Kremlin-Bicêtre, je me proposai de les trier avec lui. Tante Josy, en professionnelle de la récupération fonctionnelle, bénit cette initiative.

« Voilà qui sera une excellente gymnastique pour son cerveau ! » affirma-t-elle.

Pensait-elle s'immiscer dans nos travaux et regagner une partie du territoire que j'avais peu à peu annexé ? Nous nous employâmes à lui démontrer qu'il ne s'agissait pas d'une activité pour une femme de sa qualité. Paul se révéla à cette occasion d'une parfaite complicité. Josy nous aida une première fois, une deuxième, dès la troisième capitula. Ces torchons ramassés dans la rue lui donnaient envie de vomir. « Je te comprends », répliquait Paul d'un air las. J'ajoutais qu'il fallait bien que quelqu'un s'en charge, comme si ce classement avait été indispensable à la survie de l'humanité. Mon oncle approchait un des documents de son nez, ou alors, sous l'œil réprobateur de Josette, se baissait vers lui, le reniflant pour en déterminer la provenance.

« Cette enveloppe a transité dans une poubelle domestique, déclarait-il en fronçant les sourcils, mais j'ai des doutes à propos de celle-là. Qu'en dis-tu, ma bibiche ? »

La bibiche grimaçait. Moi aussi, mais pour d'autres raisons : je retenais un fou rire. Comment Josy pouvait-elle croire que nous parlions sérieusement ? Par quel miracle ces morceaux de papier auraient-ils conservé leurs odeurs initiales, entassés qu'ils étaient, et depuis tant d'années, dans les tiroirs de l'atelier ?

« Oh, m'exclamais-je alors, tante Josette, voilà notre récompence : une carte postale parfumée ! »

Le visage de Josy s'illuminait en reconnaissant les derniers effluves d'un bouquet de violettes là où il n'y avait qu'une photo retouchée qui sentait le moisi.

Lorsque l'orthophoniste, abandonnant le classement, se mit à papillonner autour du butin de mon oncle, nous harcelant de ses commentaires déplacés, je fus obligée d'en venir à des suggestions moins plaisantes. Afin de nous débarrasser d'elle, je m'appliquai à lui donner la migraine. Personne ne m'avait appris à le faire, mais en utilisant des techniques simples d'induction silencieuse, avec un peu de pratique, je découvris qu'on obtenait des résultats surprenants. J'avais à ma disposition, il est vrai, un sujet particulièrement réceptif.

A aucun moment Josy n'évoqua son malaise sur le palier. J'en conclus, et M. A. Pearl le confirmerait dès la sixième leçon du traité, que l'orthophoniste avait effacé de sa mémoire les événements qui avaient précédé le départ de l'ascenseur. Paul resta également très discret. Avec lui, tout se passait à mots couverts. A demi-mot, faudrait-il dire. Ou à demi : jamais nous n'allions jusqu'au bout. Mon impatience l'effrayait. J'aurais aimé que ça aille plus vite, que ça aille, que ça...

Mais non. Ça (l'initiation, la révélation, enfin ces glorieuses métamorphoses qui déjà illuminaient mes rêves) en restait là. Tendu, mais immobile.

Une après-midi, nous retrouvâmes parmi les archives un vieux cahier. Paul le regarda longuement, sans oser le feuilleter. Je le revoyais écrire pendant que je dessinais, allongée par terre, dans l'atelier du Kremlin-Bicêtre.

« Si je l'ouvre, me dit-il enfin, je vais en perdre la moitié. »

Cette phrase me fit monter les larmes aux yeux. Je me serrai contre lui. Il avait peut-être raison, mieux valait rester ainsi, à nous bercer l'un l'autre, sans laisser défiler sous nos doigts les pages piquées de taches jaunes. Ne pas lire entre les lignes, entre les mots, ne pas entrer dans le vif, ni s'insinuer dans les replis du cerveau, ne pas arracher les joints qui depuis l'accident assuraient l'étanchéité des souvenirs et bouleverser l'ordonnance de cet avant où je n'étais qu'une petite, toute petite fille.

Voilà que je pleurais maintenant.

Le colza sécha, les siliques noircirent et les abeilles qu'intéressait modérément cette armée de monstres filiformes désertèrent les environs. De part et d'autre de l'autoroute occupée par les estivants, les champs demeuraient silencieux. Je perdais peu à peu espoir de parvenir à mes fins. Paul semblait se satisfaire de la situation. Au mois d'août, pour mes seize ans, hommes et machines vinrent débarrasser le paysage de ses tristes pensionnaires. Sur la terre argileuse se dessina la marque des pneus. Juste après la récolte, Josy traîna mon oncle dans le sud de la France, chez une amie. Il fallait absolument qu'il se repose. Elle me suggéra de venir arroser les plantes, si je passais par là. Quelle hypocrisie ! Se reposer de quoi, je me le demande. De moi ? Si je passais par là...

Malgré l'insistance de mes parents qui voulaient eux aussi m'expédier en vacances (je ne comprenais pas cette obstination à rejoindre le Tout-Sagny en Bretagne ou dans le Midi), je travaillai jusqu'à la rentrée. J'avais décidé de m'acheter avec mon salaire un scooter, ou une mobylette équipée d'un bon porte-bagages. En attendant la majorité, j'avais trouvé là une solution qui me permettrait d'arracher Paul à sa prison végétale. Nous quitterions Sagny. Je lui apprendrais à marcher dans la rue sans pour autant m'accrocher à son bras, comme le faisait Josette, et distribuer des mots d'excuse — car s'il bousculait un passant par mégarde, si quelqu'un osait lui dire : « Vous ne pouvez pas regarder où vous posez les pieds ? » je saisirais ce dernier par le col et, le secouant un peu, lui répondrais que non, il ne pouvait pas.

Mon oncle parti, il m'occupait encore, assiégeant mes rêves, les couvrant de ses caresses d'oiseau. Parfois, il m'apparaissait clairement que nous souffrions de la même lésion, bien que la mienne se manifestât par des symptômes de nature opposée. Si son cerveau n'analysait que la moitié des informations qu'il recevait, le mien s'acharnait à les dédoubler. Chaque objet à mes yeux, chaque acte, chaque individu entrait en résonance avec son homologue imaginaire, créant dans mon corps un tohu-bohu permanent d'associations troublantes. Par quel mot désigner cette infirmité ? Je n'étais ni borgne, ni sourde, ni orpheline : je voyais trop. J'avais deux pères, le vrai et son demi-frère, deux conseillères (Perle peignant sous la protection de M. A. Pearl), une double vie, un don de double vue, parfois je me faisais peur. La nuit tombée, si le sommeil tardait à venir, ces réflexions s'enrichissaient de leurs échos rassurants : l'essentiel, cette vérité « en deux mots » qui m'était réclamée par Léo se trouvait peut-être dans ce monde parallèle, à l'intérieur du livre ou sur les tableaux de mon amie morte, parfaitement invisible pour la majorité des êtres humains qui vivaient, un peu à la manière de mon oncle, en état de perpétuelle négligence.

Qu'attendions-nous pour sortir notre cerveau de cette ancestrale léthargie ? Quel miracle, quelle catastrophe l'obligerait à se révéler ? Des milliers de liaisons nerveuses silencieuses, écrivait M. A. Pearl, en réserve, comme si nous n'utilisions toujours que la même face de l'éponge.

Cet été-là, donc, je travaillai. La pharmacienne, notre voisine, m'avait chargée d'établir l'inventaire de sa collection de boutons. « Tu aurais dû accepter la proposition des Pichon, jeune fille au pair, c'est tout de même plus attrayant », commenta ma mère qui, décidément, ne comprenait pas que sa fille puisse renoncer aux joies de la plage. Ah ! Les enfants Pichon... Quatre jambes potelées qui cuisent au soleil, l'écran total à passer, toutes les trois heures, les chapeaux qui s'envolent, les méduses, il faut encore courir, et la purée, le soir, devant la télévision. Comment expliquer à ma mère ? Je préférais compter, n'importe quoi, tranquillement, à l'ombre.

Boutons de corne, moulés à la presse, de verre, de céramique cuite. Boutons cousus, boutons tailleurs, ronds, ovales, carrés, recouverts d'étoffes de toutes les couleurs, avec un intérieur en métal muni d'une petite queue, « il y a de quoi faire », m'avait dit leur propriétaire en me laissant les clefs de sa maison.

Je n'ouvris pas les volets. Début septembre je ressortis, blanche, les yeux cernés, un sac de boutons à la main — donnés en prime, je ne les avais pas volés. Par Crinoline interposée, je reçus les félicitations de la pharmacienne. Je tirai une certaine fierté de ma mauvaise mine. Dès mon arrivée dans le préau, Léo Robin vint vers moi pour me demander ce que j'avais.

Ce que j'avais ? Un scooter neuf, bleu, avec deux casques dont un grand.

Mon oncle l'admira par la fenêtre. Il était garé sur le trottoir d'en face, à droite. Le ciel peu à peu se dégageait. L'orthophoniste, après moult hésitations, avait accepté un emploi qui la tiendrait éloignée de Sagny deux jours par semaine. Elle serait obligée de dormir à l'hôtel. Dès le mois suivant, elle s'occuperait d'adolescents bègues et dyslexiques. Les repas de Paul seraient préparés à l'avance. Je lui promis de l'aider, puisque je possédais désormais un moyen de transport digne de ce nom, je pourrais venir dîner, et parfois même déjeuner avec lui. Paul s'opposa formellement à ma proposition de dormir chez eux pendant l'absence de Josy. Il se méfiait de moi. A ma charge, je dois reconnaître que j'avais fait mon possible pour gâcher les vacances de l'orthophoniste. Dans le but de l'irriter, j'avais envoyé à mon oncle, chaque jour, des messages sans queue ni tête, rédigés à la manière du voisin aphasique.

Souvent, je me contentais de recopier le dictionnaire. Etre, écrivais-je sans autre introduction, verbe copulatif reliant l'attribut au sujet.

Ou alors, avoir : être en jouissance de.

De ma plus belle écriture Je, J' : pronom personnel de la première personne du singulier des deux genres, au cas sujet. Exemple : puissé-je vous convaincre.

J'embrassais tante Josy (c'est elle qui ouvrait le courrier de Paul) et signais. Aussi, lorsque l'orthophoniste revint de vacances, elle m'épargna ses commentaires sur l'état désastreux des plantes vertes mais me demanda tout de suite à quoi rimaient ces définitions. Elle n'aurait probablement rien osé me dire si j'avais choisi des termes compliqués, rares ou précieux, mais je m'étais justement cantonnée à des mots très simples. Ce que Josy ne comprenait pas, c'est qu'elle comprenait tout — voilà en substance ce que je lui fis remarquer. Paul cligna de l'œil. En clair, répéta-t-il devant l'air affligé de sa compagne, elle aurait compris si elle n'avait pas compris, mais là elle ne comprenait pas puisqu'elle comprenait.

Josy hocha la tête. Sa crédulité n'avait d'égale, je le devinerais plus tard, que sa volonté de sauver les apparences. Elle soupira. Que son couple partît en miettes, soit, mais que la propre nièce de son ami...

Que savait-elle ? La propre nièce, à son grand regret, n'avait rien à se reprocher. Elle mettait désormais vingt minutes, porte à porte, pour aller chez son oncle. Elle était bien avancée. Elle ne lui avait pas encore parlé de ses projets d'escapade. Elle attendait — une fois de plus — que se présente l'occasion.

L'occasion se présenta sous la forme d'un rectangle de papier crème, placardé de façon sauvage sur les panneaux le long de la nationale. L'affiche était percée de deux spirales noires qui, par un effet optique, semblaient tourner l'une vers l'autre. Cette étrange figure annonçait l'arrivée exceptionnelle dans notre région de Katz, le Roi de l'Hypnose. Un bandeau précisait l'heure et le lieu de sa prochaine apparition en public.

VIII

Katz, le Roi de l'Hypnose, endormirait les foules le vendredi 24 octobre à partir de minuit au Futurclub, discothèque aménagée sur un pont enjambant l'autoroute. Malgré les slogans enthousiastes d'une campagne de publicité menée tambour battant, je n'avais pas encore eu l'occasion de visiter ce qui s'était imposé comme l'événement de la rentrée (huit pages avec photos dans le journal local), le « tube à tubes », lisait-on, boyau musical fluorescent, sa piste miroir pour les amateurs de lingerie féminine, son écran géant et surtout son bar suspendu au-dessus du macadam, prouesse technique en forme de saucisse vibrant au passage des poids lourds, l'ensemble baignant dans une chaude ambiance de grande surface à l'heure des promotions.

Je décidai d'y entraîner mon oncle. Josy s'absentait du jeudi soir au samedi matin, nous n'aurions pas besoin de lui demander son avis. Mon scooter roulait à merveille. Les casques étaient à notre disposition, sagement cadenassés de chaque côté du porte-bagages.

Je réfléchis longuement sur la façon de convaincre Paul. Une nouvelle série d'affiches apparut en bordure de nationale, révélant le visage d'un Katz tout en pupilles qu'encadraient deux longues mains d'obstétricien. Le reste se noyait dans un brouillard avantageux. En lettres rouges se détachait la recommandation suivante : « Ne fixez jamais cet homme dans les yeux, il fait exploser un verre d'un seul regard. »

Cette phrase sonnait comme une provocation.

Le jour J approchait. Paul avait toutes les raisons de refuser mon invitation. De visite en visite, je repoussai le moment d'aborder le sujet. Une fois de plus, M. A. Pearl vint à mon secours. Ne suffirait-il pas de révéler à mon oncle l'existence du traité afin d'exciter sa curiosité et, passant outre l'incongruité du lieu où se déroulait le spectacle, de le persuader qu'il s'agissait là d'une occasion unique, qu'il serait stupide de ne pas en profiter ?

Ainsi, l'heure était venue de partager avec quelqu'un le secret de la maison louée. Je prévins mes parents à l'avance : je passerais la nuit du vendredi chez tante Josy. Mon père grommela, mais que pouvait-il dire ? Depuis plusieurs étés il avait renoncé. La vie commune, au lieu de nous rapprocher, nous éloignait chaque jour davantage.

Toute de blanc vêtue, traité en poche, j'arrivai vers sept heures et demie chez Paul, juste à temps pour lui réchauffer son dîner. Il était encore en robe de chambre. J'avais pris avec moi le sac de boutons. Je le posai sur le bureau de Josette, en guise de compensation. Il me semblait qu'elle apprécierait ce cadeau à sa juste valeur. Peut-être même l'inciterait-il à commencer sa propre collection. Plus tard, lorsque les esprits seraient apaisés, je la mettrais en contact avec la pharmacienne de Sagny.

Elles fonderaient un club, l'une présidente, l'autre trésorière. Entre femmes, on peut s'aider.

Le repas fut expédié en moins de quinze minutes. Enfin j'annonçai à Paul que je lui avais préparé une surprise. D'un air inquiet, il me demanda ce que j'avais encore inventé.

« Ce soir, nous sortons ensemble », déclamai-je et, tel un magicien tirant de son chapeau une colombe déplumée, je fis apparaître le livre de M. A. Pearl.

Mon oncle regarda la spirale imprimée sur la couverture, me regarda, puis éclata d'un rire niais. « A la portée de tous, s'exclama-t-il, même de moi, tu te rends compte !

— *L'hypnotisme* à la portée de tous », complétai-je.

Il ouvrit le traité en le tenant éloigné de lui, comme s'il risquait de lui sauter au visage.

« Dans la même collection, lut-il en négligeant les titres situés à gauche de la page, *Comment utiliser les choses inutiles, Le parfait guide du fiancé, Comment embrasser sans recevoir de gifles.* C'est drôle, tu as trouvé ça chez ta mère ? »

Lèvres pincées, poings serrés, je lui suggérai de ne pas s'arrêter à cette stupide énumération. « Ah bon ? » lâcha-t-il, et je devinai au ton de sa voix qu'il s'attendait à découvrir dans le corps du texte des propos encore plus saugrenus. Il promena un œil moqueur sur les premiers chapitres. La rapidité de son jugement me laissa bouche bée. Enfin son attention se fixa.

« On fera manger au sujet, déchiffra-t-il, des pommes de terre crues en affirmant (pause, grimace) que ce sont des ananas (pause) il témoignera un grand plaisir à cette dégustation... »

Paul poursuivit sa lecture en sautant des bribes de phrases. A mesure qu'il feuilletait le livre, son image se désagrégeait. De l'homme pour qui j'aurais sacrifié ma vie ne resta bientôt qu'un tas de gestes déplacés et quelques ricanements.

Mon oncle faible, lâche, piteux. Et moi, honteuse.

« Les gens, ajouta-t-il, sont prêts à avaler n'importe quoi. »

Mon oncle bête, mon oncle médisant.

« Les gens... »

Il radotait. Mon oncle vieux.

Et pourtant ces mêmes doigts qui tournaient péniblement les pages avaient caressé ma nuque. Les lèvres qui prononçaient ces mots effleuré ma peau. Ainsi l'avais-je désiré, et le désirais-je encore. Je me dégoûtais. Je ne lui demandais pas de comprendre le livre, me disais-je, mais au moins de le respecter.

Et puis si, de le comprendre. Et de prendre ce corps que je lui offrais. « Les gens, conclut-il, sont capables de tout. » Il m'exaspérait. Combien d'années encore faudrait-il patienter, n'en avait-il pas assez de jouer à la poupée avec moi ?

« Les inspirations mauvaises, lisait-il à présent, se retournent contre l'expérimentateur (...) qui produisent dans son âme des perturbations (...) dont le moindre inconvénient est d'attenter à sa sérénité. Alors... »

Alors je lui arrachai le traité des mains. Alors la moitié de la couverture resta de son côté. Alors il remarqua que je tremblais.

« Ça ne va pas ? » s'inquiéta-t-il en me rendant le morceau déchiré.

Sans réfléchir, j'allai récupérer le sac de boutons, ma

veste, et me retrouvai dans l'ascenseur. Le temps des caresses fragiles était révolu. En rejetant M. A. Pearl, Paul se plaçait hors de la spirale (mais y avait-il une seule chose au monde qui existât en dehors d'elle ?). Je n'avais pas besoin de sa bénédiction pour soutenir le regard de Katz, je voyais clair à présent. Mon oncle avait profité de moi, comme il profitait de Josette. Il gaspillait nos désirs sans rien nous donner en retour. Il nous trompait.

Je l'aimais.

Plus vite que jamais, je fonçai sur la nationale en direction de l'autoroute.

Le Futurclub n'ouvrait ses portes qu'à onze heures. Je n'avais aucune envie de rentrer à la maison. Où allais-je dormir ? Il ne pleuvait pas. Pourquoi Paul n'avait-il jamais voulu de moi ? Il s'enfuyait au dernier moment. Avançait des prétextes plus exaspérants les uns que les autres : éteindre le chauffage, mettre de la musique, ramasser un journal. En revenant il se plaçait volontairement à ma droite de façon à m'ignorer, la bonne vieille méthode du centre de la Croix-Rouge. Me croyait-il incapable de garder un secret ? Pourtant, nul doute à ce sujet, il me désirait — et je me frotte, et je te berce, je te respire, je m'insinue et je me ploie — mais toujours il reculait au moment de passer à l'acte.

L'acte ou la déchirure. Franchir le mur des grosses peurs enfantines, oser bouleverser l'ordre des choses. J'étais prête, mais non : Paul résistait. Il persistait à glisser, grappillant chaque jour une nouvelle parcelle de territoire, et j'avais envie de crier. Il m'avait avoué un matin qu'en faisant l'amour avec Josette il avait imaginé qu'il me tenait dans ses bras. Qu'attendait-il de moi, que je le remercie peut-être ? En guise de revanche, je lui communiquai ce jour-là ma décision de me débrouiller toute seule. Il me suivit jusqu'à la cuisine, se cogna contre une chaise, jura, s'assit et me regarda fouiller dans le garde-manger. Il y avait là quelques oignons, de l'ail et des pommes de terre germées, rien qui fît mon affaire. Enfin je trouvai une courgette dans le réfrigérateur. Elle était glacée. Je la nettoyai à l'eau chaude et l'essuyai soigneusement. Mon oncle ne réagissait pas. Je soupesai l'objet. « Bien lubrifiée », dis-je...

Paul devint écarlate. D'un pas tranquille, je me dirigeai vers les toilettes. Il m'empêcha de fermer la porte en répétant qu'il y avait des limites à ne pas dépasser, que ce n'était pas drôle, même entre nous, que j'étais d'une vulgarité inadmissible. J'essayai d'évoquer le souvenir des poireaux de Josy caressant le dos des livres, mais je n'y arrivai pas — non, l'imagination ne suivait pas. Pour me donner du courage, je commençai à compter. UN, je pose le légume. DEUX, je rabats le siège des cabinets — TROIS, la courgette roule par terre, à QUATRE, je me baisse pour la ramasser et l'énumération s'arrêta là car Paul me saisit par la manche, la laine de mon pull-over se détendit d'abord, puis je perdis l'équilibre. Il m'entraîna vers le couloir et me plaqua contre la bibliothèque. Je sentis ma gorge se nouer. Il m'attira près de lui. J'éclatai en sanglots, le front appuyé contre son épaule.

Et voilà comment, ce jour-là, je suis restée vierge.

Paul m'avait consolée. Je lui avais promis de ne pas recommencer. « Tu sais que je t'aime, petite sotte, disait-il, tu le sais bien, mais je ne peux pas, c'est impossible, je ne peux pas... »

Nous décidâmes de passer l'éponge. D'oublier, comme si nous étions capables de le faire. Le plus étonnant, c'est que Paul continua à me dorloter tranquillement, accumulant à mon égard sans que cela le gêne d'aucune façon les preuves d'un désir chaque semaine grandissant.

J'allais bientôt tomber en panne d'essence. S'il y avait obscénité, n'était-ce pas dans cette manière innocente de me tenir sur ses genoux, comme si j'avais encore dix ans ? Câlins empoisonnés, chargés de tendresse, promesses avortées qui me laissaient molle et mouillée, abandonnée dans ses bras. Je me sentais si faible, tellement bien, je n'avais plus le courage d'agir. Pourtant il aurait mérité que je le viole, oui, voilà ce qu'il aurait mérité, que je profite de sa maladie pour me glisser du côté négligé et, écartant promptement l'un des bords de ma petite culotte, que je le prenne en moi par surprise.

Je pensais souvent aux refus de Paul. Il y avait là une situation qui dépassait mon entendement : mon corps m'appartenait, globalement, mais la partie la plus intime de mon être, ces quelques centimètres carrés qui me séparaient de l'état de femme, il semblait que ceux-là fussent la possession d'une instance extérieure, mes parents, peut-être, autrefois le seigneur, aujourd'hui Sagny, la pharmacienne et sa collection de boutons, les autorités, le domaine public.

Restaient deux heures à tuer avant l'ouverture de la discothèque. Je tombai en panne sèche. Cet événement attendu ne m'inquiéta guère : voilà qui me permettrait de passer le temps. Je m'apprêtais à marcher jusqu'à la pompe du centre commercial, le sort en décida autrement. A peine avais-je calé mon scooter sur sa béquille qu'une voiture s'arrêta derrière moi. Dans mon rétroviseur j'aperçus une silhouette agile qui bondissait hors du véhicule. La portière claqua. Je me mis à courir sur le bord de la route, le casque serré contre ma poitrine en guise de bouclier. L'homme me poursuivait.

Je ralentis le pas. On allait abuser de moi, me battre, m'aimer. Me laisser morte dans le fossé. Morte, mais dépucelée, je n'aurais pas tout perdu. Paul serait responsable. Hors d'haleine, je m'arrêtai.

C'était Léo.

IX

Une jeune fille, sortie tout droit d'un calendrier américain des années cinquante, vint m'apporter un verre de vodka-orange. Elle me demanda mon ticket, le déchira, et d'un geste rageur le jeta par terre : c'était le genre de la maison. Dès qu'elle eut le dos tourné, je le ramassai. Paul m'avait enseigné l'importance de ces témoins de papier. Depuis son accident, il vivait dans la peur de perdre — perdre la raison, perdre la mémoire, aussi soudainement qu'il avait perdu conscience de la gauche. Je glissai le ticket entre les pages du livre de M. A. Pearl.

L'aménagement de la boîte de nuit ne correspondait pas à l'image qu'en avaient donnée les journaux. Je m'attendais à un espace fonctionnel, carré, et me retrouvai embarquée sur une arche baroque où la technologie, loin d'imposer au décor ses contours puritains, se pliait aux exigences d'une belle décadence. Des empilages de pneus et de réservoirs, savamment unifiés par un manteau de peinture fluorescente, formaient aux quatre coins de la salle des totems monumentaux. Sur la gauche, un mur entier de phares automobiles s'allumait par intermittence. Des moteurs encastrés dans des blocs de résine faisaient office de tables basses. Ils me rappelaient ces inclusions que nous fabriquions à l'école, au moment de la fête des mères. Il fallait choisir quelque chose qui nous plaisait et l'enfermer dans un moule. L'idée seule m'empêchait de respirer librement. Très jeune, j'étais particulièrement sensible à la claustrophobie des objets. J'avais résolu le problème en insérant dans la matière translucide une paille qui, tel un tuba, permettait à l'air de circuler. Une année, le conduit s'obstrua et je fus obligée d'intervenir à coups de marteau tant je me sentis oppressée par le résultat.

Les tabourets du Futurclub étaient recouverts d'un tampon de mousse entouré de skaï réticulé, volontairement lacéré. Cela créait autour du siège une série de petites fentes qui ressemblaient à des cicatrices rituelles. Au plafond, cinq soucoupes chargées d'accessoires colorés répondaient aux ordres d'opérateurs invisibles. Des faisceaux lumineux d'une finesse exquise balayaient l'espace. Dans le moindre recoin ils venaient s'insinuer, mais à peine se posaient-ils que les rayons repartaient, il n'y avait pas moyen d'être attrapé, pas moyen non plus de disparaître dans l'obscurité. Sur un écran géant, fidèle celui-là aux descriptions de la presse, se succédaient des images d'embouteillages et de poursuites automobiles. Une foule sans cesse croissante se dirigeait vers les hublots qui donnaient sur l'autoroute. On se bousculait pour regarder les voitures passer. Au-dessus de l'écran, le nombre des entrées s'affichait en rouge sur un tableau électronique. A l'instant précis où je commandai ma deuxième vodka-orange, nous étions 549 personnes à entendre le même refrain.

Depuis mon arrivée, pas une seconde la musique ne s'était arrêtée. Les chansons se succédaient, se chevauchaient même, comme si la crainte du vide, ou celle du silence, poussait l'animateur à comprimer les sons. Devant moi, des corps de toutes les formes s'agitaient en cadence. On dansait seul, assourdi, chacun pour soi. Je pensai à Léo.

Mon professeur de gymnastique m'avait conduite jusqu'à la station-service puis raccompagnée à mon scooter. Rien ne sembla l'étonner, ni de me rencontrer à cette heure tardive sur la nationale, en panne d'essence, ni d'apprendre que je m'étais brouillée avec mon oncle et n'avais pas l'intention de rentrer chez mes parents. « Etre obligée de dormir tous les soirs dans le même lit, expliquai-je, c'est fatigant. »

Il m'assura qu'il comprenait et me fit des compliments sur la façon dont j'étais habillée. Je portais une robe blanche décolletée dans le dos et serrée à la taille par une ceinture élastique noire. D'ordinaire, je laissais à ma mère le privilège des nouveautés, préférant m'effacer derrière l'uniforme de ma génération, du bleu, du large, de l'usé. Au moment de nous séparer, Léo me proposa de venir chez lui. Avant même que je puisse refuser, il ajouta : « Tu me promets de retourner chez toi demain matin ? Je t'héberge cette nuit, mais il n'est pas question... »

Comme ils avaient peur tous, comme ils se protégeaient ! Sans attendre la fin de sa phrase, je déclinai son invitation : je voulais assister au numéro de Katz. Léo répéta qu'il comprenait, sans grande conviction cette fois. Nous restâmes en silence, moi à tripoter le casque destiné à Paul et lui immobile, les bras ballants. Puis soudain son visage s'illumina. « Mais l'un n'empêche pas l'autre, s'exclama-t-il, le spectacle ne va pas durer toute la nuit ! »

Il griffonna son adresse au dos d'une enveloppe et la glissa d'office dans le sac de boutons.

« L'un n'empêche pas l'autre », murmurai-je à mon tour, alors il m'embrassa sur les joues, en s'attardant.

La porte de l'appartement serait ouverte. Il ne fallait pas que je me gêne pour utiliser la salle de bains. Je souris. Il ajouta qu'il habitait seul, non loin du centre de rééducation fonctionnelle, et avait un sommeil de plomb.

J'affrontai sans ciller le regard du premier videur de la boîte de nuit. Son crâne lisse brillait sous la lumière bleutée de l'entrée. Engoncé dans son costume gris, il ressemblait à un bonhomme Michelin. Son collègue n'arrêtait pas d'ajuster ses épaulettes. Elles avaient tendance à tomber, entraînées par les renflements du tissu au niveau abdominal. Sagny, par réaction sans doute à son inertie habituelle, était connu dans le département pour ses fins de bal mouvementées. Dès le parking, un panneau mettait en garde les provocateurs éventuels : tous les employés du Futurclub étaient munis de bombes paralysantes. Loin de me rassurer, cette information me donna envie de rebrousser chemin. Quel besoin avais-je de confronter le texte de M. A. Pearl à la réalité d'un spectacle de music-hall ? Que pourrais-je apprendre qui n'avait pas été écrit, qu'allais-je abîmer, surtout, quel rêve, quelles certitudes allaient s'effondrer ? J'avançai. Dans l'escalier de la discothèque, un nouvel écriteau annonçait que l'entrée était interdite aux mineurs non accompagnés. J'étais sur le point de faire demi-tour, presque soulagée que la décision se fût prise sans moi, lorsqu'une horde d'échalas gominés s'engouffra dans le boyau. Intimidée par cette masse noire et cliquetante, je préférai fuir vers l'avant. Arrivée près de la caisse, je n'avais plus le choix. J'eus le réflexe de saisir par le bras un petit barbu qui se préparait à acheter son billet. Nous formions un drôle de couple. Je crois qu'il se méprit sur mes intentions mais il eut la gentillesse de ne pas m'en vouloir quand, une fois à l'intérieur, je lui expliquai les raisons de mon geste. Il travaillait pour la S.N.C.F., c'était sa première année en gare de Sagny. Il m'entraîna au bar. Une de ses collègues vint le rejoindre, j'en profitai pour m'éclipser. Après une traversée houleuse, je dénichai une place non loin de ce qui, bientôt, deviendrait la scène. Bientôt, à minuit.

Le spectacle tardait à commencer. Devais-je regretter l'absence de Paul ? Il n'aurait pas aimé la musique. Il se serait cogné partout. Il m'aurait gâché le plaisir. Pourtant, il me manquait. Je pouvais toujours retourner chez lui après le numéro de Katz, j'avais un double de ses clefs. Je pensai à Léo, je l'entendais qui s'enthousiasmait, heureux de sa propre découverte. « L'un n'empêche pas l'autre », disait-il, et d'office il me donnait son adresse. Je bénissais la panne d'essence qui m'avait permis de le rencontrer hors du lycée. Jamais dans le préau nous n'aurions osé nous parler ainsi. Les murs déteignent sur les mots. Les murs, les costumes, les fonctions. L'un n'empêche pas l'autre... Peu à peu cette phrase, dont la banalité apparente assurait l'innocuité, accomplissait son petit travail de sape. Léo Robin, ou la perspective d'une existence morcelée, apparition joyeuse et légère d'événements simultanés. Ni exclusion ni complémentarité : on se laisse croire au hasard, croire au bonheur de l'instant, on se laisse croire. Léo Robin ou la revanche de l'homme contre le texte imprimé, les marges si droites, la ligne unique, la continuité. Léo et son sommeil de plomb.

J'étais heureuse, malgré l'incompréhension de Paul et la fumée des cigarettes qui me faisait pleurer. Il me plaisait d'avoir le choix entre trois domiciles. Je me sentais libre, quoique rivée à ce tabouret scarifié. Une femme en mini-jupe dansait près de moi. Ignorant le vacarme des basses, elle ondulait selon son propre rythme, étrangère aux hommes qui l'un après l'autre venaient tenter leur chance. Elle bougeait à peine et pourtant ses mouvements dégageaient une grande violence — ni colère ni passion, mais une force sourde, celle de l'eau, celle du vent. Tout était là, contenu. A deux pas de moi, chaque parcelle de peau, frémissante. J'aurais aimé lui ressembler. Peut-être qu'en l'observant, longtemps, longtemps, par imprégnation... Soudain, je pensai à ma mère, ses cheveux multicolores et son corps qui en faisait toujours trop, comme si elle s'attendait en permanence à rencontrer son percepteur au coin de la rue. Je m'essuyai les yeux pour chasser son image. Je ne pouvais supporter cette injustice, penser qu'il s'agissait de deux femmes, deux *femmes* dotées dès avant la naissance d'un nombre de chromosomes identique, et puis voilà ce que ça donnait, l'une dansant, merveilleuse, et l'autre pédalant dans le garage de son mari, ma mère qui m'avait mise au monde. Et moi, qui étais-je ? Comment me voyait-on et qu'allais-je devenir si personne ne voulait de moi ?

Interrompant brutalement le cours de mes rêveries, un blondinet au verbe triste se planta devant ma table. A sa façon de m'adresser la parole, sans douter un instant de l'opportunité de sa présence, je devinai qu'il ne répondrait à aucune des questions que je me posais. Il avait parié je ne sais quoi avec ses copains — je n'entendais pas la moitié de ce qu'il disait, à cause de la musique. Il désigna d'un air supérieur un assemblage de bidons entouré de jeunes gens qui, perchés sur des tabourets trop hauts pour eux, s'accrochaient à leurs verres.

« Ma bande », annonça-t-il fièrement.

Je crus comprendre qu'il m'invitait à m'asseoir parmi eux.

« Moi, ajouta-t-il, c'est Bernard. Et toi ? »

Je restai muette. Il me redemanda mon nom. Je le regardais s'agiter. Il insista, me traita d'égoïste, puis de mijaurée, le ton montait, déjà autour de nous on se poussait du coude. Je lui devais des explications (des explications ?), une vraie scène de ménage, enfin Bernard modéra ses ambitions, se contenterait, assura-t-il, de mes initiales, je ne pouvais pas lui refuser cela, deux petites lettres et il me ficherait la paix.

Forte de cette certitude, je lui dis que je m'appelais Cora. Oui, c'était vrai. Non, je ne mentais pas, et Cora n'avait pas envie de discuter. Et puis non — allait-il s'en aller ? — Cora ne dansait pas. Sur ce, je me cachai derrière la liste des consommations. On y décrivait la composition de boissons aux dénominations surprenantes. Il y avait le choix entre le black vidange, le dégivreur, le starter de luxe ou le simple cocktail deux temps. Ayant terminé la lecture du triptyque plastifié, je relevai prudemment la tête.

La femme avait disparu. Bernard était toujours là. Un détail avait changé : il tenait à deux mains, tel un calice, une coupe énorme pleine d'un liquide crémeux. Il l'éleva dans ma direction et, sans même m'en proposer, y plongea ses lèvres.

Il est des comportements qui ne méritent que dédain ou indifférence — celui de Bernard excita mon imagination. Je décidai de passer à l'action. Avant qu'il puisse ouvrir la bouche, je sortis de mon sac une poignée de boutons.

« Un ou deux ? » demandai-je le plus sérieusement du monde.

Il me regarda d'un air niais. « Mais ce sont des vrais ! » s'écria-t-il d'une voix horrifiée.

Lui aurais-je présenté des punaises vivantes qu'il n'eût pas réagi autrement.

« Vrais, vrais, ça dépend ce que vous entendez par là », répliquai-je en m'approchant de son oreille, comme si j'allais lui révéler un secret. « Ce sont des boutons de collection, voilà tout. »

Il déglutit. Une mèche tomba sur son front luisant.

« Moi, ajoutai-je, vous pourrez le dire à votre bande de copains, je préfère ceux qui sont lisses, avec une queue bien ronde. »

Sur ces mots, je lâchai dans le breuvage quatre de mes plus beaux spécimens. Avec une lenteur exaspérante, ils s'enlisèrent dans la mousse. Mon admirateur, abandonnant tout espoir de récupérer son cocktail, le laissa sur la table, me traita de cinglée, puis proféra d'autres insultes qui se perdirent dans le pandémonium général. Je vis avec satisfaction les glands de ses sages mocassins s'éloigner en sautillant. Ils disparurent dans la foule des chaussures ordinaires. La pendeloque de droite était sur le point de se détacher. Pauvre petite chose, ballottée au bout de son cordon, si fragile avec sa frange de cuir et ses rondeurs poupines, sous quel talon meurtrier allait-elle finir ?

La femme ne revenait pas. Je trempai un doigt dans la coupe et le suçai. Je reconnus le goût du café. C'était assez bon. Je me mis à observer les pieds qui évoluaient autour de moi, la façon dont ils s'articulaient à la cheville, leur manière de se poser sur le sol glissant. Il aurait fallu que Perle dessine cela, me dis-je, cet instant fragile où les orteils cherchent leur appui.

Il y eut un slow et comme par enchantement les gens dansèrent ensemble. La lumière se fit plus tendre. Un homme d'une trentaine d'années habillé en coureur cycliste s'approcha de moi. Je baissai les yeux en direction de ses jambes nues. Elles semblaient sculptées dans de la pierre. Par bonheur, il n'osa pas m'inviter mais je l'aperçus qui s'arrêtait un peu plus loin et proposait à quelqu'un d'autre de le suivre sur la piste. La fille refusa. Le cycliste déçu enfonça sa casquette blanche, courba l'échine et, seul parmi les couples serrés, entreprit de traverser la piste. A chaque pas, les muscles de ses fessiers roulaient sous le tissu élastique de son bermuda. Il réapparut quelques minutes plus tard de l'autre côté, perché sur la passerelle métallique qui menait à la cabine technique.

Je bâillai, alors tout bascula. Le bruit d'une rafale de mitraillette déchira l'espace. Quelqu'un cria. Les projecteurs s'éteignirent et dans l'obscurité surgirent les quatre rectangles verts qui, derrière les colosses fluorescents, indiquaient les issues de secours. Une nouvelle déflagration m'arracha une plainte. Presque aussitôt, le stroboscope se mit en marche. Dans un hurlement de sirène, l'animateur rassura les clients.

« Et maintenant, déclama-t-il, place au spectacle ! Etrange et mystérieux, avec pour seules armes son regard et sa voix, il est parmi nous ce soir, au Futurclub. Il réalise l'impossible, foudroyant chaque année des milliers de personnes... »

Sur l'écran géant apparut le sigle de Katz, puis, filmés au ras du sol, les lacets d'un chemin qui serpentait le long d'un précipice défilèrent devant nous. L'image, régulièrement effacée par les éclats du stroboscope, donnait l'impression que quelqu'un courait. On ne le voyait pas mais on entendait sa respiration, les battements de son cœur, obsédants, il était poursuivi, par la caméra sans doute, la caméra fixée sur une machine infernale, elle gagnait du terrain, je songeai à Léo arrêtant sa voiture derrière mon scooter, et moi qui m'enfuyais...

Un petit groupe vers le fond de la salle se mit à siffler. La tension montait. Mes doigts s'étaient glissés dans une des fentes du tabouret. Comme si cela pouvait m'aider à retrouver mon calme, j'arrachais des lambeaux de skaï. Le contact de la mousse sur mes ongles me rappela les globes oculaires de Sandrine. Les danseurs peu à peu dégageaient la piste. Il y eut un mouvement de foule derrière moi. On s'insultait. Des portes de secours jaillirent les deux videurs, plus Michelin que jamais dans ces éclairs qui les faisaient avancer par saccades. Je les perdis de vue. C'est à trois qu'ils repassèrent devant moi, quelques minutes plus tard, leur masse boursouflée encadrant une silhouette malingre. Les pieds de l'agitateur présumé gigotaient à une dizaine de centimètres du sol.

Le trio disparut de l'autre côté de la scène. L'affichage digital du nombre des passagers régressa d'un point. Alors, le visage du cycliste apparut en gros plan sur l'écran. L'effort figeait sa bouche en une grimace douloureuse. Il attaquait, coudes en dehors, l'ascension d'une route de montagne. Je pensai à la femme en mini-jupe et soudain, sans m'expliquer comment une idée aussi saugrenue s'était imposée à moi, je compris qu'ils se ressemblaient tous les deux. L'un et l'autre étaient là, avec la même intensité, le même engagement, émergeant de la faune des dociles et des gesticulants, des pasteurisés plâtreux, des insistants, léchouilleurs prétentieux nourris au lait de poule. L'un et l'autre présents, c'est-à-dire presque ailleurs, en équilibre, l'un et l'autre offerts à notre regard sans rien nous demander en échange.

Le son s'amplifia. « Il est parmi nous ce soir, clamait l'animateur, j'ai le plaisir de vous le présenter, j'ai nommé : Katz, le Roi de l'Hypnose. »

La fin de sa phrase se perdit dans un larsen qui me fit déchirer d'un coup un grand morceau de skaï. Le Futurclub pelait. Enfin le stroboscope ralentit et, comme un ventilateur que l'on éteint, progressivement s'arrêta.

Il y eut un instant de silence. Une fumée épaisse sortit des pots d'échappement encastrés dans le totem de gauche. Alors, drôlement éclairée par une demi-lune de lumière crue, la tête de Katz surgit au-dessus des volutes bleutées. Son bras, se détendant brusquement vers l'écran, alla mettre fin au calvaire du cycliste. L'ombre de ses doigts gantés s'insinua dans l'image. Elle se referma sur le vélo qui fut comme arraché de l'écran. Je croisai les jambes, j'avais besoin de me protéger. L'asphalte défilait toujours sous nos yeux, troué — et c'était cela qui me mettait mal à l'aise : cette cavité éblouissante, brûlant la pellicule de ses contours irréguliers, vide qui se maintenait péniblement sur la route, mordant parfois un bout de ciel ou de rocher. Ça qui m'empêchait de respirer à mon aise : ce manque aveuglant, cette virginité trop lourde à supporter. Je pensai à Paul qui ne voulait pas de moi, à Léo qui m'attendait chez lui, enfin le trou s'élargit et, dans une explosion salutaire, gagna l'ensemble du paysage.

Voilà, c'était fini. Il n'y avait plus qu'une lueur blanche, traversée par une armée de poussières frétillantes qui partaient à l'assaut de quelque hypothétique cellule de couleur, avides de recréer un monde, en se multipliant, de donner l'illusion de la vie.

La fumée se dissipa. Le projecteur de poursuite agrandit son cercle. Une bicyclette miniature apparut dans la main de Katz.

On applaudit, nous crûmes qu'il saluait mais non : il se baissait pour déposer l'accessoire sur la piste. Après quelques hésitations, le vélo mécanique s'élança à la conquête du public. Lorsqu'il arriva devant les tennis d'une adolescente rougissant à l'idée que l'objet pourrait grimper le long de sa jambe, il fit volte-face, et se dirigea vers ce qui tenait lieu de coulisse — un pan de toile bleu sombre qui tombait du plafond. Dans un cri de victoire, le coureur cycliste apparut alors, mais à pied. Les spectateurs laissèrent exploser leur joie. Il leva les deux bras au-dessus de sa tête, geste qui me rappela une fin d'après-midi orageuse chez mon oncle, les agita en l'air et se serra la main, les mains faudrait-il dire, en les secouant un peu d'avant en arrière, comme s'il se réjouissait d'avoir enfin réussi à s'échapper de l'écran.

Katz attendit sans impatience que la foule se calme. D'un pas mesuré, il s'avança vers son assistant pour nous le présenter. Il s'appelait Pedro — et Pedro esquissa une petite pantomime, perché sur un vélo imaginaire. Une musique nostalgique, de celles qui annoncent l'éclosion d'un amour impossible, accompagnait la scène. Le cycliste s'éleva en danseuse. Une lumière sans effets spéciaux caressait les êtres et les choses. Je respirais mieux. Katz enleva ses gants, les tendit à Pedro, et plaça ses paumes nues de chaque côté de son propre visage, l'encadrant de ses doigts immenses, comme sur l'affiche. Le faisceau du projecteur se resserra.

« Nous nous connaissons à peine, commença-t-il, mais je sais que nous allons nous entendre. Pourquoi en serait-il autrement ? »

Sa voix, amplifiée par un micro qu'il portait accroché au revers de sa veste, était plus grave que celle de l'animateur, plus veloutée. Katz évoqua les grandes heures de l'hypnose, les temples du sommeil grecs et égyptiens, Mesmer, Lafontaine et Charcot. Je connaissais ces noms, ils étaient cités dans le traité. Je me souvenais surtout de Mesmer, théologien, ami de Mozart et médecin de Marie-Antoinette. Son personnage m'avait intriguée. Il portait des habits de soie mauve, M. A. Pearl s'en moquait gentiment. A l'hôtel Bouillon, Mesmer faisait des passes magnétiques. Il prétendait soigner ses malades en les plongeant dans des états proches de l'hystérie. Les clients affluaient. Dépassé par la demande, il fut obligé d'inventer une version collective de son art. Il poussa la générosité jusqu'à imprégner de son fluide le tilleul de la rue du Coq-Héron, pour les pauvres. « Jour et nuit, racontait Katz, on venait s'attacher à l'arbre. L'homme fut condamné par les docteurs de l'époque. Cinquante années plus tard, Lafontaine fut également emprisonné pour avoir dirigé des séances publiques d'hypnose. Le roi Ferdinand de Naples lui promit la liberté à une condition, je cite : Ne plus rendre la vue aux aveugles et l'ouïe aux sourds ! »

Les phrases de Katz déferlaient sur nous, elles nous ramenaient à lui, limpides, familières, elles donnaient l'impression d'avoir toujours été là, ensevelies sous la musique. Elles étaient là et nous ne pouvions les entendre. Peut-être s'imprimaient-elles déjà dans quelque recoin de notre cerveau.

« Ce soir, disait-il maintenant, je vous propose de partir en voyage. Libre à chacun de rester sur la berge en agitant son mouchoir. Les personnes qui se révéleront les plus sensibles à l'hypnose seront celles qui sauront se concentrer. Les statistiques indiquent qu'il s'agit là d'individus d'une intelligence supérieure... »

Katz avait des sourcils épais, très expressifs, une petite bouche aux lèvres fines, un menton volontaire, fendu, et des cheveux châtain foncé coiffés en arrière. Son corps était serré autour de lui-même, ses mouvements précis, saccadés. Il avait une façon bien à lui de bouger la tête, très vite, et de vous regarder droit dans les yeux, comme pour signifier qu'il s'adressait à tous les clients du Futurclub, même à ceux qui, affalés sur les banquettes, savouraient l'obscurité.

« Là-haut, commenta-t-il, je remarque d'excellents sujets. »

Il désigna un point précis près des hublots, les spectateurs se retournèrent. On ne voyait pas de qui il voulait parler mais on le croyait. Ses mains me fascinaient. Puis soudain je remarquai ses ongles. Ils étaient rongés jusqu'au sang.

Je me sentis gênée pour lui, il fallait qu'il remette ses gants, vite, le plus vite possible, avant que les autres ne fassent la même constatation que moi. Je lui conseillai tout bas de m'obéir, pour son bien, mais rien ne se passa. Je vais compter jusqu'à trois, repris-je, UN, vous demandez à votre assistant de vous les rendre, DEUX...

« Nous sommes capables, poursuivit Katz, de nous détruire aussi bien que de nous construire, avec la même force, le même acharnement. »

DEUX, répétai-je, et à l'instant où j'allais perdre espoir, Pedro d'un air contrarié tendit au Roi de l'Hypnose sa paire de gants.

J'avais réussi ! Personne n'applaudit. Katz m'ignorait. Pedro dérangé dans ses habitudes partit bouder en coulisses. Quelques minutes plus tard, il revint en poussant devant lui une roue de bicyclette. Katz la saisit au passage, la lança en l'air et la rattrapa sans y prêter grande attention. Avec la même dextérité, il dégagea du cercle un rayon qui, sous ses doigts de magicien, donna naissance à deux longues aiguilles métalliques. Il n'appuyait pas ses effets, jamais il ne mendiait notre affection, rien ne semblait le satisfaire davantage que notre curiosité, ces petits frémissements qu'il devait sentir tout autour de lui, cette joie mêlée d'inquiétude à l'apparition des tiges effilées. Il parlait, inlassablement. Le timbre de sa voix restait étranger aux actions qui s'accomplissaient. Katz se dédoublait, et de ce décalage entre lui et lui-même naissait un plaisir douloureux. Pedro posa à côté de son maître un guéridon tarabiscoté, objet qui dans le décor de la discothèque créa un effet comique imprévu. Katz nous fusilla du regard lorsqu'il entendit nos rires. Quelque chose dans son visage se crispa. Des accessoires posés sur l'anachronique présentoir, il élut une boîte à pharmacie dont il sortit une bouteille d'alcool et des compresses. Tout en désinfectant les aiguilles, il énonçait les applications de l'hypnose dans le domaine médical.

« De nombreux docteurs pratiquent l'hypnose, affirma-t-il, dentistes, psychiatres, anesthésistes, cancérologues, mais ils ne s'en vantent pas. Nous sommes loin pourtant des mises en scène de Charcot à la Salpêtrière. Il s'agit aujourd'hui d'une méthode scientifique, d'une technique — j'ai bien dit d'une technique, et non d'un pouvoir mystérieux — qui permet d'obtenir d'excellents résultats. »

Les projecteurs d'ambiance s'éteignirent pour laisser place à la lumière noire. Les aiguilles devaient être recouvertes d'un produit spécial car elles se mirent à briller dans la pénombre. De Katz on ne voyait plus que les mains gantées et le contour des yeux, drôlement révélés par les tubes violets. Parmi les spectateurs, chemises et chemisiers clairs se détachaient çà et là, des broches aussi, des colliers et les tabliers des serveuses. Des dents partout, des dents éclatantes.

La casquette de Pedro se promenait en bordure de piste. Elle avait une drôle de forme, ainsi séparée du reste de la tête. Elle s'arrêta juste au-dessus de moi. Je me sentis observée. Katz donna son accord. « Oui, s'exclama-t-il, celle-là. »

Pedro me saisit par le poignet.

« Mademoiselle va nous aider à en faire la preuve,

disait Katz, si vous voulez bien venir jusqu'ici, quel est votre prénom ? »

Mais de quoi parlait-il, faire la preuve de quoi et pourquoi moi, en fonction de quels critères m'avait-il choisie ?

Je me levai. Mes voisins s'écartèrent. Katz me redemanda comment je m'appelais. J'allais répondre quand une voix dans l'assistance s'éleva : « C'est Cora, criait-on, je sais, je sais, c'est Cora, la fille aux boutons à queue ! »

Je reconnus l'articulation appliquée de Bernard. Son intervention fut accueillie par des ricanements. Il y eut du mouvement sous les rectangles verts signalant les sorties de secours. « Cora, Cora, s'acharnait-il, elle a des boutons. »

Quel idiot, mais qu'on l'enlève, qu'on le traîne dehors ! Juste avant d'arriver près de Katz, je surpris mon reflet dans un des miroirs qui recouvraient les piliers. Je me vis, coupée en deux. D'un côté mes jambes, soulignées par la robe blanche, de l'autre mon buste. Ma ceinture formait un barrage opaque entre le bas et le haut de mon corps.

Maintenant, alors que je n'avais rien fait, on m'applaudissait. J'étais debout au centre de la piste, Katz me soûlait de mots et j'obéissais à ses ordres pour échapper au public qui nous entourait.

« Vous commencez à percevoir cette caresse, récitait-il, cette caresse qui vous détend. »

Je ne sentais rien du tout. Il me demanda de basculer vers l'avant, de lever les deux bras, de me laisser tomber en arrière et Pedro me rattrapa in extremis. Il me semblait qu'à chaque instant je pouvais arrêter, retourner à ma place, aussi l'envie de résister ne me vint pas à l'esprit. Katz avait posé l'une des aiguilles sur le guéridon. Un objet froid glissa le long de ma colonne vertébrale. Je n'étais plus vraiment concernée par ce qui m'arrivait. « Vous fixez mon doigt, entendis-je, vos paupières vont se baisser, vos paupières s'abaissent. »

Je fermai les yeux, j'avais soif d'obscurité. Le texte de M. A. Pearl me revenait en mémoire. Cette fois, j'étais passée de l'autre côté, dans le mur, entre les cercles de la spirale. J'étais Bib, bec collé, j'étais Perle, Sandrine, tante Josette sur le palier, j'étais Katz lui-même remettant ses gants. Et moi je devenais toute petite, invisible probablement, comme ma ceinture dans la lumière noire.

« Je place ma main sur votre épaule, je vais appuyer très fort et lorsque je vous pincerai la joue droite, votre visage tout entier deviendra insensible, votre tête lourde, lourde, voilà, je pince votre joue droite, totalement insensible à la douleur, puis votre joue gauche... »

Pourquoi parlait-il si fort ? Une piqûre, peut-être, oui, comme une morsure, quelqu'un dans la salle poussa un gémissement. Quelque chose me gênait, je n'aurais su dire quoi, j'aurais pu ouvrir les yeux mais Katz me pria de les garder fermés. On me fit tourner sur moi-même, avancer, reculer, alors une vive lumière pénétra sous mes paupières, un éclat rouge sang qui s'étendit sur toute la surface de mon cerveau. Un instant l'image du Futurclub apparut. Pedro était accroupi devant moi, il se préparait à me photographier. Les spectateurs du premier rang me regardaient d'une façon étrange, un peu dégoûtés. La fille aux tennis rayonnait de pitié. Oui, c'est cela, on me plaignait — s'ils avaient pu savoir — on m'applaudissait encore pour m'encourager. Je pensai à Chouquette, sa manière de presser sa gueule contre ma cuisse, voilà ce que je ressentais, quelque chose d'appuyé, entre mes deux joues, ça me grattait, mais Katz tenait mes mains à présent, et pour rien au monde je ne me serais échappée. Je ne me lassais pas d'écouter les modulations de sa voix. Il s'adressait à moi, et à moi seule, un voyage, disait-il, les autres sont restés sur la berge. J'aimais lui appartenir. J'avais envie de le protéger en lui offrant une docilité sans faille, comme ses gants préservaient le secret de ses ongles ras. J'entendis un déclic et la photo sortit presque aussitôt. Je laissai tomber mes paupières. Katz dit à mon bras droit de se réveiller, puis à mon bras gauche, enfin par contagion il me demanda de m'arracher tout entière au sommeil. Pour la première fois, j'eus conscience de résister. Je n'avais pas envie de quitter la scène. Une odeur d'alcool à 90°, encore cette impression d'être pincée à travers un épais tampon de mousse, celui des tabourets, le skaï lacéré, cédant sous mon index replié. Quelque chose de mouillé sur mon visage. Katz me serra les mains et m'ordonna de revenir à moi et de me sentir bien.

J'ouvris les yeux. Katz parlait à l'oreille de Pedro, son assistant. Ce dernier me raccompagna à ma place. Je trébuchai. Il me proposa d'aller m'allonger au calme, dans la loge. Je pris le sac de boutons, ma veste, et la coupe laissée par Bernard. Un des voisins me félicita. Il portait de grosses épingles à nourrice en guise de collier. Je voulais qu'on me laisse tranquille. Pedro me fit faire le tour pour passer derrière le rideau et finalement entrer dans la loge. Il y avait là un lavabo, une table, des pots, des crayons et des médicaments jetés pêle-mêle, un miroir, enfin un canapé sur lequel je m'affalai. Pedro disparut. Je n'avais pas l'habitude de veiller si tard, on entend le bruit de pantoufles, vers trois heures du matin, c'est ma mère qui n'arrive pas à trouver le sommeil. Elle se glisse dans la cuisine pour vérifier que tout fonctionne bien, que l'électricité n'a pas été coupée, à cause du congélateur et des gants de caoutchouc. Mes pensées s'embrouillaient. Ça lui arrivait de s'installer devant la porte ouverte du frigo, assise sur le tabouret, et de regarder fixement à l'intérieur. Mon père se plaignait, il fallait souvent changer l'ampoule, et ma mère d'éternuer...

Une mare de sang, le livre déchiré, l'écran troué. Quitter la maison, quitter Sagny. Pedro était-il sorti ? Je m'endormis sur cette image, ma mère hypnotisée par la faible lueur du réfrigérateur.

X

Le Roi de l'Hypnose rentra en trombe dans sa loge, saisit une serviette-éponge, s'en essuya le front, faillit la jeter par terre puis se ravisa. Je faisais semblant de dormir. Il posa délicatement la serviette sur le dossier de la chaise et, sans hésiter, s'appropria le cocktail du jeune homme aux glands. Bientôt ne resta plus au fond du verre qu'une mousse couleur crème. Il pencha la tête en arrière, paupières mi-closes, s'apprêtant à savourer la dernière gorgée du breuvage. Sa gourmandise m'aurait amusée s'il n'y avait pas eu les boutons. Ils durent tomber l'un après l'autre au creux de sa langue. Je retins ma respiration.

Katz tira le premier de sa bouche comme s'il s'agissait d'une cerise confite, en aspirant un peu, avec lenteur et précision pour en extraire le noyau. Les trois boutons suivants ne bénéficièrent pas du même privilège. Ils furent recrachés, examinés d'un air dégoûté et balancés dans un cendrier débordant de mégots. Je pensai aux fruits confits du cake maternel, échoués au fond du moule. Katz dut apercevoir mon reflet dans la glace — je m'étais tournée vers lui — car il m'ordonna d'une voix ferme de rester parfaitement immobile, d'être bien, de l'attendre. Il exagérait. Je me rendormis.

La première chose que je vis en reprenant conscience fut ce costume de père Noël accroché à un clou près de la porte. Je me frottai les yeux. Mon visage répondit par une grimace, un bâillement plutôt qui me donna l'impression de sortir d'un très long sommeil. Je touchai mes joues, ma bouche, je les sentais opaques, évanouies. Avais-je été victime d'un jet de bombe paralysante ? Il fallait que je m'en aille, Léo devait m'attendre. J'avais rêvé de Katz, il distribuait des piqûres hallucinogènes à de vieux nourrissons en blouson de cuir. Je pensai à mon oncle. Pourquoi ce manteau rouge, pendu ?

Je me redressai. Katz, Paul, Léo, je n'arrivais pas à m'en sortir, pas à me dégager de l'enfance. Mon oncle passe et repasse ses doigts sur mes lèvres, se taire, se taire, toujours Katz répète les mêmes mots. Et voilà qu'il m'enferme dans sa loge. Il faut oublier, ne pas bouger, être bien. Mais moi, j'étais réveillée, je me levai, j'avais mal à la tête.

Et j'eus encore plus mal lorsque je découvris la photo que Pedro avait prise pendant la séance d'hypnose.

Une image carrée, posée sur la table de maquillage.

Ce visage transpercé par l'aiguille, mon visage.

Ce regard halluciné, une seconde brillant sous le feu des projecteurs, ce regard de sainte savourant son martyre : mes yeux. Je comprenais maintenant la réaction des spectateurs. Les adorateurs de l'hôtel Bouillon n'auraient pas fait mieux. Ainsi ces pincements, ces picotements... De ma langue, je cherchai à l'intérieur de ma bouche quelque marque, quelque cicatrice, mais je ne sentis rien de particulier. Pourtant, j'étais persuadée qu'il ne s'agissait pas d'un tour de passe-passe. Je croyais en Katz, je voulais avoir confiance, égoïstement.

Je récupérai les boutons, les essuyai avec la serviette-éponge et les remis dans le sac. Bien décidée à ne pas me rendormir, je sortis le traité de M. A. Pearl et l'ouvris au sixième chapitre. Enfin, l'auteur abordait la question du réveil des sujets hypnotisés. Il préconisait deux techniques, de nature opposée. La première consistait à opérer une rupture de ton radicale. La deuxième, plus douce, s'adressait directement aux parties du corps sollicitées en début de séance. La main, les yeux, la jambe, toujours en comptant, mais à l'envers.

Il n'y avait jusque-là rien de surprenant. M. A. Pearl m'avait habituée à de plus vives démonstrations. Une page cependant retint mon attention — car c'était cela, *L'hypnotisme à la portée de tous,* un tissu régulier, limpide, saupoudré de petites illuminations. « Il faudrait mesurer, suggérait l'auteur, la surface du corps humain. » Plus loin, cette même surface était évaluée à un carré de deux mètres de côté. Deux mètres carrés de peau vulnérable, pensai-je, épinglée au-dessus de mon bureau. Au centre, des paupières bordées de cils, celles de Perle, mon amie morte. Tout autour, en guise de franges, ongles, poils et dents. « Un millimètre cube de matière grise, lus-je encore, contient en moyenne un mètre de veines et d'artères. » Une telle densité était difficile à concevoir. Je revoyais les danseurs s'agitant sur la piste du Futurclub, la boîte de nuit ressemblait à un cerveau, avec ses lumières, ses inclusions et ce rythme obsédant qui ne s'arrêtait jamais. J'avais sommeil. J'étais à la campagne, dans une cuisine que je ne connaissais pas. Un tortillon poisseux pendait au-dessus de la table. Les mouches s'y agglutinaient, certaines bourdonnaient encore. La spirale oscille, elle se détend. Quoi de plus triste qu'un hasard balbutiant ? De coïncidence en coïncidence, la vie s'annule, on se tasse, on s'ennuie. Je crois que je m'étais encore assoupie. Je me réveillai (pour de bon cette fois), mais de quel sommeil ? De celui, tout proche, induit par Katz, ou de l'autre, l'ancien, le fondateur, celui des vacances dans la maison louée ?

Je ramassai le livre. Deux mètres carrés de peau, et l'hymen, combien ? Un pour cent, un demi pour cent de la totalité ? Je n'attendrais pas l'anniversaire de mes dix-huit ans, j'en avais assez de tourner en rond.

Je quittai la loge. En me laissant guider par la voix amplifiée de Katz, je trouvai facilement les coulisses. Derrière le rideau, je m'arrêtai. « Vous êtes relâchés, disait-il, à partir de cet instant, parfaitement relâchés, car c'est le seul moyen de profiter pleinement de cette expérience, la seule façon d'en sortir décontracté. » Sur la piste, une cinquantaine de personnes installées dans des positions incongrues écoutaient les paroles du maître. Le public était plongé dans le noir. Je regrettai de ne pas avoir assisté à toute la représentation.

« Vous vous reposez à l'ombre d'un grand arbre, poursuivait Katz, vous êtes en vacances, lorsque soudain la plante de vos pieds commence à vous démanger, ça vous gratte, vous enlevez vos chaussures, vite, ce sont des araignées, vite, des araignées rouges qui courent entre vos orteils... »

Dans la salle on s'esclaffait. Le spectacle qui s'offrait à nous était irrésistible. Chacun à sa façon répondait aux suggestions de Katz. Le rythme de ses phrases s'accélérait, sur la scène les corps se tortillaient. Un garçon tout en buste se battait avec ses bottes de cow-boy, tirait, jurait, il transpirait à grosses gouttes. A sa droite, une fille regardait fixement l'intérieur d'un escarpin vert, comme si elle s'apprêtait à gober de sa langue élastique les insectes perturbateurs. La plupart des sujets étaient pieds nus maintenant. Ils se frottaient le nez, le ventre, les oreilles. Il y avait ceux, rares mais obstinés, qui avaient pris la peine de dénouer leurs lacets, ceux qui, au contraire, avaient tout arraché et ceux encore qui étaient restés étendus, se contentant de remuer les chevilles en gémissant. Je reconnus Bernard. Ses mocassins étaient posés à côté de lui. Il se balançait, assis, les jambes écartées. Une musique douce s'éleva.

« Les araignées sont parties, dit Katz. Vous vous allongez sur le ventre, c'est l'heure de la sieste, une sieste méritée. Il n'y a plus rien à craindre, vous êtes étendus sur le sable, vous écoutez le bruit de la mer. »

Au ralenti, par vagues successives, les dos s'offrirent aux caresses de l'air conditionné du Futurclub. On soupirait, on s'abandonnait par terre, on se vautrait dans les mégots. De temps à autre, une mouette ponctuait les paroles de Katz d'un cri victorieux. Pedro zigzaguait sur la piste, il tenait un sac de sport sous le bras, se penchait, se relevait, je ne comprenais pas le but de ces mouvements désordonnés. Enfin je le vis de face : il ramassait les chaussures. Il venait à présent vers le fond de la scène, probablement pour déposer sa récolte derrière le rideau. Katz, sans que rien ne le laissât prévoir, se retourna alors vers moi. D'un index autoritaire, il désigna les coulisses. Je croisai les doigts comme pour échapper à son pouvoir — ou à sa technique, puisque par ce mot il désignait l'ensemble de ses actes, à sa technique scientifique. Il répéta son geste. J'imaginai ses pauvres ongles sous le tissu blanc. Pedro inquiet s'arrêta devant Bernard qui, résistant lui aussi aux indications du maître, avait gardé sa posture. Seul érigé parmi les membres alanguis, il ressemblait à un caniche en quête de récompense. Katz en passant toucha son épaule et lui ordonna de s'allonger. Bernard se dégonfla. Pedro saisit les mocassins. Je ne bougeai pas.

« Et que celles qui doivent rester là où elles doivent rester y restent ! » articula-t-il en me fusillant du regard.

Je souris. Katz me rappelait le Léo Robin de la première conversation dans les vestiaires, Léo désemparé pestant contre les filles de mon âge. Katz marchait dans ma direction. Je comptai ses pas. Un, deux, bientôt trois, lentement enjambant les corps, il croyait m'impressionner. Il m'aurait été facile de lui tenir tête, mais j'avais pitié de lui, de cette colère qui prouvait sa vulnérabilité. Encore l'envie de le protéger monta en moi. Il ne fallait pas perturber tout un spectacle pour si peu. Le public était là qui attendait la suite, les sujets se déshabillant, ou savourant des pommes de terre crues. J'obéis à Katz. Comprendrait-il un jour que j'avais agi de la sorte pour lui rendre service ? Je me faufilai derrière le rideau de scène. Le Roi de l'Hypnose victorieux fit volte-face. A cet instant, Pedro balança les mocassins de Bernard sur la pile de chaussures.

Ce fut plus fort que moi. Le gland de droite ne tenait plus qu'à un fil. Je l'arrachai et allai me réfugier dans la loge.

Une dizaine de minutes s'écoulèrent. J'entendis alors une détonation, il y eut des applaudissements, trois rappels, puis la musique enregistrée balaya le tout. J'imaginai cinquante personnes pieds nus errant sur la piste à la recherche de leurs chaussures. D'une voix de stentor, l'animateur remercia le Roi de l'Hypnose et annonça le prochain spectacle, un numéro exceptionnel de transformisme. Je commençais à m'impatienter. Enfin, la clenche s'abaissa. Katz passa sa tête dans l'ouverture de la porte. « Ah bon, s'exclama-t-il, tu es quand même là. »

Ce tutoiement me surprit. Le Roi de l'Hypnose en personne s'affala sur le canapé, à quelques centimètres de moi.

« C'est vrai que tu t'appelles Cora ? » demanda-t-il d'un air contrarié.

J'acquiesçai. Katz s'assombrit encore. Il aurait préféré Cécile, peut-être, ou Marion.

« Cet abruti connaissait donc ton prénom », aboya-t-il en assenant une grande claque sur un coussin sous prétexte de lui redonner du volume. Je ne pus m'empêcher de rire.

« Et elle trouve ça drôle, commenta-t-il. Alors c'était qui, ce type, ton ami ou quoi ? »

Je le rassurai, lui rapportant ma conversation avec Bernard. Katz me coupa la parole.

« Si je comprends bien, conclut-il, tu es venue toute seule. »

Je m'abandonnai à la contemplation du costume de père Noël suspendu au clou. Le capuchon déformé était bordé de fausse hermine. Katz se leva. Il prit mon menton entre son pouce et son index et tira mon visage vers le sien. Je fus obligée de me mettre debout à mon tour. C'était drôle, cette façon de séduire, non pas en s'avançant vers l'objet convoité, mais en s'en éloignant. Ses pupilles se dilatèrent.

Nous nous embrassâmes. Sa bouche avait le goût de rouge à lèvres. Ses joues étaient douces, probablement à cause de la poudre et du fond de teint. Peut-être, pensai-je, mon hymen avait-il fondu à force de chaleur et d'humidité, à force de désir. Petit dépôt de sucre au fond d'une tasse, petit dépôt que l'on ramasse de la première phalange d'un index cambré, Katz me caressait. « Je vais mettre ma main sous ta robe, souffla-t-il, tu la sentiras, elle va remonter le long de tes cuisses, tu ne bougeras pas, Pedro ne nous dérangera pas avant deux heures du matin, je lui ai donné de l'argent pour qu'il s'amuse. Tu sais que tu es ravissante — ne réponds pas, je ne veux pas entendre le son de ta voix, juste te toucher, comme ça, tu m'excites terriblement. »

J'avais baissé les paupières, ainsi me croyais-je moins vulnérable. Peut-être mon hymen s'était-il renforcé, au contraire, pour mieux protéger ma vertu, une paroi épaisse, à la mesure des risques encourus, rempart entre moi et moi-même que m'imposait le Tout-Sagny en conférence rassemblé. On se serre les coudes, entre voisins, on signe des pétitions. Le voisin à l'écart tète son bouchon de liège, il le suce, les mots s'y imprègnent, mais lui ce n'est pas pareil, on ne l'écoute jamais. Katz persistait à tout m'expliquer, par déformation professionnelle sans doute, il ponctuait heureusement ses commentaires de baisers très tendres. « Je vais enlever mon pantalon, murmura-t-il, je l'enlève, tu vas voir, ce n'est pas si terrible. »

Je rouvris les yeux. En effet, ce n'était pas si terrible. Katz toussota. J'aurais aimé l'avertir, c'était la première fois, il me sourit et je n'osai rien dire.

Le Roi de l'Hypnose avait quand même les pieds très longs, à l'égal de ses mains, des pieds de pharaon avec des ongles plats. Le traité était posé sur la table. Je me raccrochais à lui comme si, le moment venu, j'avais eu peur de le trahir. Les mots se resserraient, les phrases, bientôt ne resta plus au centre de chaque page qu'un trou noir d'une extrême densité. Le regard de Perle, la trace de son pinceau. Katz releva encore ma robe. La ceinture, tout élastique qu'elle était, finit par se dégrafer. Le tissu blanc, plissé autour de mes épaules, formait entre mon visage et le reste de mon corps une barrière salvatrice. J'étais aveugle — presque innocente.

« Ta peau est si fine, tu vois comme tu te tends vers moi... »

Katz colla ses lèvres entre mes seins et demeura ainsi, immobile. Je crus que c'était fini mais non, il se taisait simplement. Une liste de proverbes apprise à l'école me revint en mémoire. Je me la récitai mécaniquement, un tiens vaut mieux que deux tu l'auras, petit à petit l'oiseau fait son nid. Katz bougea. Qui veut voyager loin, mais voilà que nous passions aux choses sérieuses, Katz m'entraînait par terre, il se frottait contre moi, ça brûlait un peu, sa langue, ses doigts, la moquette en fibres synthétiques, je gémis et il ne me demanda pas de me taire cette fois.

Un pincement, très loin, une douce résistance. J'étais émue, Katz m'aimait. D'une main il écartait mes lèvres, de l'autre il semblait chercher quelque chose. « Tu es serrée, dit-il, il ne faut pas te refuser comme ça, tu dois te laisser faire car c'est le seul moyen pour toi de sortir apaisée, je voudrais que tu jouisses, je voudrais te donner du plaisir », et ses doigts s'insinuaient, Katz me caressait, en spirale, je me sentais partir, loin de lui et du Futurclub, j'avais la tête qui tournait, une douce exaspération m'envahit, j'étais dans la chambre de mon oncle et au lieu d'attendre sagement qu'il s'endormît je l'excitais sous la couverture orange, personne ne nous soupçonnait, l'orthophoniste entrait dans la pièce, le médecin, les infirmières et l'assistante sociale, ils ne s'apercevaient de rien. Katz respirait de plus en plus fort. « Je vais venir, s'excusa-t-il, ne bouge pas, je viens. » C'était un peu ridicule, ces mots pressés, je ne voyais pas où il voulait en venir, puisque de venir il s'agissait, j'étais déjà si loin.

L'eau coula. Katz me tendit la serviette-éponge. C'était chaud et gluant. Il y avait un peu de sang. Je la roulai en boule et la cachai derrière le coussin. Le Roi de l'Hypnose se rinça la bouche. Il me répéta que j'étais drôlement tendue, que c'était pour cela qu'il n'était pas resté longtemps. J'avais hâte qu'il change de sujet de conversation. « La prochaine fois, m'assura-t-il, je m'y prendrai d'une autre manière. » Il me réservait la surprise. Enfin il me demanda si j'étais étudiante.

« Laisse-moi deviner, m'interrompit-il, voilà, je sais — il me regardait droit dans les yeux — tu étudies les langues, bientôt tu seras traductrice, ou non, interprète. Je vois des lettres dessinées, des pages couvertes de signes... »

Lorsque je lui dis que j'étais encore au lycée, il fronça les sourcils. Il avait fait la même mimique quand le guéridon était arrivé sur la scène et que le public avait ri. Comme si cela pouvait adoucir sa déception, je lui racontai que j'avais une amie américaine, peintre, que je lui écrivais en anglais. Il ne m'écoutait pas. Pourquoi avais-je prononcé le nom de Perle ? Il se mit en colère lorsqu'il apprit mon âge, quoi, à seize ans et demi, seule, dans une boîte de nuit, il m'en voulait de ne pas l'avoir prévenu et m'ordonna d'oublier, sa voix reprenait les intonations du spectacle, il se rhabilla sans commenter ses gestes et me raccompagna jusqu'à mon scooter en passant par l'escalier de secours.

Arrivé en bordure de route, il se radoucit. Ça ne l'empêchait pas de tenir à moi, il était simplement surpris. Je le félicitai pour son numéro. Il se recula un peu et m'observa des pieds à la tête comme s'il me voyait pour la première fois.

« Et si je te proposais de venir travailler avec nous ? » souffla-t-il.

Katz posa ses deux mains sur mes épaules et me secoua un peu d'avant en arrière. Je soupirai. Il me ramena contre lui.

« J'ai de grands projets pour le prochain spectacle, reprit-il, mais il me faudrait une assistante, quelqu'un de sensible qui comprenne et apprécie mon œuvre. Je ne suis pas pressé, Cora, le calendrier des représentations est bouclé pour l'année, je me débrouillerai avec Pedro, mais ensuite... »

Je m'imaginai annonçant la bonne nouvelle à mes parents.

« Tu verras, assura-t-il, ce n'est pas très difficile, jolie comme tu es. On gagne bien sa vie, on bouge tout le temps. Tu aimerais ça, j'en suis persuadé. Il suffit de me faire confiance, et tu me fais confiance, n'est-ce pas ? »

Katz parlait vite, il était pressé de retourner dans sa loge, pourtant il n'arrivait pas à me quitter. Une tendresse mystérieuse nous tenait rivé l'un à l'autre. Il aurait préféré me garder avec lui tout de suite, chuchotait-il, mais il fallait être prudent. Je lui donnai mon adresse. « Tu ne le regretteras pas, affirma-t-il encore, ce sont des choses qui se sentent, nous sommes nés pour travailler ensemble, nous irons loin, très loin, tu es une fille formidable, Cora, tu es la persone que j'attendais.

J'étais un peu sonnée. Katz m'aida à attacher mon casque. Il sortit son portefeuille de sa poche. J'eus un mouvement de recul. Il en tira une photo qu'il embrassa. « Pour que tu ne m'oublies pas », écrivit-il avant de barrer son visage d'une large signature. En lettres majuscules, il ajouta : « Attends-moi. »

Katz regarda mon scooter s'éloigner. Il agitait le bras. Je le voyais dans mon rétroviseur. Son geste se perdit dans la nuit.

Une moto me dépassa. Je m'arrêtai sur le bord de la route et me retournai. Katz était toujours là, je devinai sa silhouette sous l'enseigne clignotante du Futurclub. Je compris à cet instant qu'il n'avait pas menti.

Il se mit à pleuvoir, une pluie fine qui scintillait dans la lumière des phares. J'avais décidé d'aller chez mon oncle. Je sentais en permanence une gêne à l'intérieur de moi, un pincement, comme s'il était resté quelque chose, j'avais envie d'être nue et de me blottir contre quelqu'un, d'embrasser encore. Pourquoi Katz m'avait-il proposé de travailler avec lui ? L'idée de voyager me plaisait. Quitter Sagny, le rythme stérile de la rue piétonne, vivre la nuit, sous la protection du Roi de l'Hypnose — mais il faudrait attendre un an et demi, comme si de rien n'était, compter les jours, les minutes qui me séparaient de ma majorité. Vierge ou non, l'échéance restait la même. Je m'étais trompée en croyant au miracle des deux centimètres carrés. C'était ma peau entière qui appartenait encore à la collectivité, ma vie. Je n'avais pas le droit de mettre fin à mes jours, comme disait pudiquement ma mère, pas le droit de quitter le domicile familial sans l'autorisation de mes parents, pas le droit de me jeter du haut d'une falaise ni de foncer dans cette voiture qui venait à contresens. Pas le droit mais je pouvais quand même le faire. Je regardai le conducteur. Katz allait m'écrire. Je ralentis. Et si je ne recevais rien, et s'il perdait mon adresse ?

Seuls mes cheveux, protégés par le casque, étaient secs. J'enlevai ma robe dans l'entrée et la suspendis avec les manteaux — celui, aubergine, de tante Josy et l'imperméable gris de mon oncle. La photo dédicacée avait souffert de la pluie. L'encre avait coulé, le papier glacé se creusait. Je la rangeai dans le livre, à la fin du septième chapitre. Elle me servirait de marque-page, d'horloge, de témoin. Plus que deux leçons à découvrir, pensai-je, une année et demie pour réviser avant de partir en compagnie du Roi de l'Hypnose. Avec ou sans baccalauréat. Avec ou sans la bénédiction de mes parents. De préférence, et selon toute probabilité, sans.

« Josette, appela mon oncle, c'est toi, ma bibiche ? »

Je n'aurais pas dû tirer la chasse d'eau. Il y avait encore un peu de sang. Ma bibiche, et puis quoi encore.

« Josette, ne fais pas l'idiote, qu'est-ce que tu fabriques ? »

Sa voix ensommeillée me donna envie d'aller l'embrasser. « Cora, entendis-je enfin, c'est toi, ma chérie ? »

Je rougis. Quelle tendresse, pourquoi gâcher tout cela, juste à cause d'une réflexion déplacée à propos d'un livre, j'aurais dû lui expliquer, il aurait compris qu'il ne s'agissait pas seulement d'un manuel à deux sous, je m'étais comportée de façon ridicule.

« J'arrive, m'exclamai-je. Il est tard, le numéro n'en finissait pas, c'était très bien, je suis trempée ! »

J'éternuai. Sans bruit je grimpai sur le lit de mon oncle. La lumière était éteinte.

« J'ai froid », murmurai-je en guise d'excuse. Paul sursauta au contact de mes mains glacées. Je m'installai du bon côté.

« Ah non, bredouilla-t-il, tu vas dormir dans le salon, il n'est pas question, tu ne vas pas recommencer... »

Je le rassurai. Je n'avais pas l'intention de passer la nuit avec lui, à la place de sa bibiche. Je venais juste dire bonsoir, et présenter mes excuses. Je décrivis le Futurclub, l'écran géant, le bar suspendu au-dessus des voitures, je parlai du spectacle, sans changer de ton j'annonçai à mon oncle que je n'étais plus vierge et lui demandai si à la lueur de cette information il voulait de moi. Je ne sais pas où je trouvais le courage de formuler mon désir de façon si claire, peut-être les phrases de Katz m'avaient-elles inspirée, cette façon d'imposer son univers, sans fausse pudeur ni hésitation, je vais me serrer contre toi, ordonnai-je, et tu me prendras.

Paul me repoussa. Je m'attendais à un geste plus véhément. Par provocation, je me laissai rouler au bas du lit. Mon corps tomba sur le tapis avec un bruit mat.

« Tout va bien ? » s'inquiéta mon oncle.

Ayant appris que le silence était une torture efficace, je restai muette. Mon oncle se défendait comme une femme courtisée aurait pu le faire, en minaudant, m'encourageant plus qu'il ne me dissuadait, il se retourna et, ramenant draps et couvertures sur son visage, me présenta son dos. Katz me guidait, je n'étais plus toute seule, j'avais été choisie, remarquée parmi tant d'autres. Je pressai ma tête contre les reins de mon oncle et levai le silence, comme on lève une punition.

« Une seule fois, insistai-je, après je te jure, j'irai dormir ailleurs. »

Mon oncle allongea le bras, il hésitait, je m'approchai encore de lui mais il se retint et ne me toucha pas. La lumière s'alluma.

« Tu es complètement folle », protesta-t-il en riant à demi.

Sans pudeur je le dévisageai. Il baissa les yeux. Je profitai de son trouble pour remonter sur le lit, du côté ignoré cette fois.

« Ainsi c'est moi qui suis malade, commentai-je, c'est moi qu'il faut soigner. Eh bien d'accord, chacun son tour, occupe-toi de moi ! »

Mon oncle était de plus en plus embarrassé. Il me demanda ce que j'avais bu, d'une voix blanche menaça de téléphoner à mes parents. Il avait soif. Je le suivis jusqu'à la cuisine. Lui en pyjama à rayures, moi en culotte unie, tous deux pieds nus sur le carrelage. J'éternuai à nouveau. Il ne trouva pas la bouteille d'eau minérale et pesta — elle était rangée à gauche, dans la porte du réfrigérateur. Je la déplaçai d'une vingtaine de centimètres. Il la sortit sans me remercier, saisit un verre et alla se réfugier dans son fauteuil, près de la baie vitrée du salon. Ainsi calé, il reprit contenance. Il me suggéra d'une voix peu convaincante d'aller m'habiller, puisque j'avais froid. Je pouvais emprunter une des chemises de Josette. Je passai l'imperméable gris de mon oncle et le ceinturai serré. Dans la poche intérieure traînait une de mes lettres.

« Etre, lus-je, verbe copulatif reliant l'attribut au sujet. »

« Etrangler, étrécir, étreindre », poursuivis-je. Mon oncle avait l'air épuisé.

« C'est un cas de conscience, avoua-t-il, je ne peux pas faire ça à ton père. »

Il ne dit pas : à toi, ou à Josette, non, encore il évoquait un passé qui m'était inconnu, l'histoire des demi-frères, l'un gagne, l'autre se rend, l'un parle tandis que l'autre baisse le ton. Quelle complicité dans la rivalité, quel respect !

Je m'accroupis à ses pieds. Il posa sa main sur ma tête. Encore une seconde et il allait ajouter que si cela ne tenait qu'à lui...

« J'ajouterai que... »

Je ne lui laissai pas le temps de terminer sa phrase. J'étais assise sur ses genoux, à cheval. Il m'ouvrit les bras.

Très vite je partis, enfilant sans la boutonner ma robe humide. L'imperméable abandonné dans le couloir, devant la bibliothèque, garda un instant forme humaine puis s'affaissa. J'entendais encore la voix de mon oncle. « Et moi qui t'ai vue naître, disait-il, mon bébé, ma petite Cora... »

Les images s'embrouillaient. Je savais que Paul avait habité quelques mois avec nous, je devais avoir deux ou trois ans, mais avant ? Je n'allais pas encore à l'école, il me gardait pendant que ma mère s'occupait de la boutique. Je me rappelle très bien l'odeur de cette robe de chambre à carreaux qu'il portait souvent. Mes souvenirs s'arrêtaient là. Ils reprenaient de façon plus précise au moment du déménagement. Tous nos meubles étaient sur le trottoir de la nouvelle maison, en face de l'Hôtel des Voyageurs. On m'avait laissée quelques instants dans la rue, assise sur un tabouret trop haut, à côté d'une armoire à glace, en me demandant de surveiller les affaires. Un passant était venu vers moi et m'avait dévisagée comme s'il voulait m'enlever. Quelques secondes, j'avais fermé les yeux, serrant mes paumes l'une contre l'autre. J'avais prié pour qu'il le fît. Lorsque ma mère était revenue, j'étais toujours là. Le passant avait préféré emporter le coffret qui contenait l'argenterie.

Mon oncle, pour une raison inconnue, ne s'installa pas avec nous dans le nouvel appartement. Je ne pourrais dire où il vécut entre le moment où il quitta Sagny et celui où il arriva au Kremlin-Bicêtre. A la maison, nous ne parlions jamais plus de lui. Il y avait là une parenthèse mystérieuse, quelque voyage, une brouille. Un jour quelqu'un compléterait l'histoire — mais cet instant tardait à venir. Paul avait un talent certain pour les révélations ambiguës. Au moment de passer à l'acte, l'impressionnante machine se déchargeait en moins de temps qu'il ne fallait pour le dire.

Je n'eus qu'à tourner la poignée, Léo avait laissé la porte ouverte. Si tu le laisses dormir, pensai-je, toute ta vie tu le regretteras. Et si tu le réveilles ?

Le parquet craquait. Je rebondissais d'une vie sur l'autre, j'étais en fuite — en liberté. Tout semblait terriblement facile après ce qui s'était passé chez mon oncle. L'appartement sentait l'encaustique. J'eus l'impression de rentrer chez moi après un long séjour à l'étranger. Je retrouvais ma famille, la vraie, celle qui protège et console, celle qui vous montre le chemin sans avoir besoin d'y apposer son empreinte et ne vous cache rien. Léo, ou la sensation du refuge : des meubles simples, chaleureux, un grand tissu coloré jeté sur une méridienne, des tableaux, plus loin la salle de bains carrelée de blanc et bleu. Je tenais mon casque sous le bras. Léo sans bruit s'était approché de moi. Il me débarrassa de l'objet et le posa avec le sac de boutons sur la tablette du radiateur. La baignoire se remplit vite. Je sentis de nouveau ce tiraillement douloureux, j'avais envie de m'allonger. Je voyais l'aiguille des secondes avancer, celle des minutes, j'étais dans l'eau, puis sur le tapis de bain et maintenant que Léo me tendait son peignoir je repensais à Katz. Il commentait la scène, tu te penches en avant, disait-il, il ne faut pas avoir peur. Mon oncle était là aussi, en robe de chambre, et Josette me regardait.

Le pli sur la joue de Léo, peu à peu, s'effaça.

Je grignotai la tartine qu'il m'avait préparée (avec quel empressement Léo allait au-devant de mes désirs). Une envie irrésistible de finir la nuit enlacée m'avait poussée contre lui. Je découvris ce que ni Katz ni Paul n'avaient su m'offrir : une tendresse rayonnante, profonde, sans acharnement. Je soupirai, de joie, d'inconnu. Le sommeil me prit par surprise. Vers neuf heures du matin, Léo me réveilla. Il me suggéra de rentrer chez moi, avant que mes parents ne s'inquiètent. Je lui racontai que j'étais supposée avoir couché chez mon oncle — et que mon oncle pour des raisons difficiles à expliquer ne pouvait que se taire. Léo dit : à la semaine prochaine. Le lundi, nous avions cours de gymnastique ensemble.

Lasse, je repris la route. Alors que je garais mon scooter devant la maison, je vis, comme sorti d'un rêve, Pedro Santino arriver face à moi sur son vélo de course. Je me cachai dans l'entrée. Il ne regarda pas de mon côté, ralentit pourtant, lâcha son guidon et, fichant un doigt de chaque main dans sa bouche, émit un sifflement strident. Des persiennes s'écartèrent sous l'enseigne de l'Hôtel des Voyageurs. Katz apparut à la fenêtre.

XI

Le médecin diagnostiqua une bronchite. Longtemps je restai au lit avec cette vision de la tête de Katz surgissant entre les volets mi-clos. Ainsi après son spectacle, le Roi de l'Hypnose était venu s'installer en face de chez moi. Rien de bien étonnant en vérité, l'Hôtel des Voyageurs étant le seul établissement convenable de la ville, pourtant, dans mon émotion, je voulus y reconnaître un signe du destin. J'aurais aimé me montrer, fêter nos retrouvailles, mais comment justifier ma tenue, la même que celle du Futurclub, comment expliquer ma mine creuse et le fait que je n'avais pas dormi à la maison ? La veille je n'aurais pas hésité, pas résisté faudrait-il dire, je me serais précipitée à la rencontre de Pedro, abandonnant casque et scooter, mais le matin venu je choisis l'ombre et le silence. J'avais beaucoup vieilli en une nuit.

Cette croissance monstrueuse n'eut pas que des effets bénéfiques — ce fut même le seul, à court terme s'entend. Elle me laissa fébrile, sombrant tour à tour dans des états d'engourdissement et d'exaltation, humeurs qui prenaient possession de moi sans transition aucune, et sans que je puisse comprendre ce qui les motivait. Je pleurais souvent. Sur le mur de ma chambre, à l'emplacement des yeux de Perle, se dessinèrent trois points, bientôt reliés par des lignes droites. Katz, Paul et Léo occupaient les sommets du triangle. Leurs regards, tournés vers l'extérieur, ne se rencontraient pas. Je sautais de l'un à l'autre — et lorsque j'étais avec l'un, je pensais aux deux autres. Le même cauchemar se répétait chaque nuit : la spirale de M. A. Pearl prenait appui sur ces trois centres, elle s'enroulait autour de moi, j'étouffais. Ma mère alertée par mes quintes de toux s'avançait à mon chevet. Elle ne frappait plus à la porte avant d'entrer dans ma chambre, je détestais ces nouvelles façons. Elle tenait toujours quelque chose à la main, à moins que ce ne fût le contraire, l'objet la maintenait debout, elle s'organisait autour de lui, il était son prétexte, sa raison. Il s'agissait souvent d'une cuillerée de sirop (comme elle marchait, petite mère, mesurant sa respiration pour ne pas renverser le précieux liquide) ou d'un thermomètre qu'elle secouait violemment d'un air encombré. Au mieux, elle m'apportait un calisson qu'elle posait sur ma langue, telle une hostie. Je laissais fondre le losange blanc, côté lisse contre le palais. Peu à peu le goût d'amande se révélait.

Malgré les antibiotiques, l'infection ne cédait pas : elle se déplaçait. Je ne faisais rien pour accélérer le processus de guérison. Il me semblait avoir largement rattrapé le temps perdu, j'étais en avance sur mon âge, je m'accordais une pause. La nature de mes projets variait suivant des itinéraires cahotiques. Un jour je quittais le domicile de mes parents, m'élançant sur les routes à la recherche du Roi de l'Hypnose, le lendemain je rebroussais chemin, exténuée. Outre le froid et le manque d'argent, mes fugues imaginaires se heurtaient à un problème majeur :

Katz allait m'envoyer du courrier et je ne serais pas là pour le lire.

Deux semaines après le spectacle du Futurclub, sa première lettre m'était parvenue — un message concis rédigé au dos d'un dépliant annonçant son apparition *exceptionnelle* à la maison des jeunes de Mandelieu. Le sévère « Attends-moi » de la photo dédicacée s'était adouci.

« Je t'attends, écrivait Katz, à bientôt, dans dix-huit mois. »

Ce renversement me ravit et balaya en un éclair l'équilibre du triangle. Paul et Léo s'affadirent. La figure géométrique s'étira, s'aplatit, enfin à force de se gondoler disparut dans le mur. Un seul point demeura, axe inaltérable autour duquel graviteraient désormais mes pensées. Plus que son regard, le souvenir de la voix de Katz me hantait : ce ton monocorde, cette façon d'envelopper ses actes de verbes simples, de décrire les situations les plus crues sans ciller. J'aurais aimé lui répondre.

Katz ne m'avait pas laissé son adresse, ni le programme de ses tournées.

Bien qu'il ne sortît presque jamais de son bocal, Paul insista pour venir me rendre visite chez mes parents. Je le suppliai de ne pas se déranger. Je ne tenais pas à ce qu'il me voie dans cet état. Tante Josy en personne franchit la ligne de démarcation afin d'intercéder en sa faveur. Je refusai poliment. Comme pour me remercier, elle m'envoya un livre.

Contre toute attente, Léo ne donna pas signe de vie. Il avait dû apprendre que j'avais une bronchite, une angine, que sais-je, des complications. Son absence me surprit plus qu'elle ne m'attrista. Je redoutais le jour où je devrais retourner en cours de gymnastique. Poutre, corde lisse, lancer du poids... D'un œil nouveau, Léo regarderait mon corps travailler. L'idée même de lui parler me mettait mal à l'aise. Peut-être me sentais-je redevable du plaisir qu'il m'avait accordé.

Dès que je bougeais de ma chambre, j'avais le tournis. Je ne supportais plus de manger à la même table que mes parents, d'assister à leurs creuses digressions sur le prix des choses, de les voir ensuite se curer les dents puis extraire de leur bouche quelque filament fiché au bout du petit bâton de bois, comme pour meubler leur conversation de ces tangibles résidus — déchets de nourriture que, furtivement, ils regardaient.

Une deuxième lettre arriva. Je décelai dans l'écriture de Katz une nervosité qui ne m'était pas apparue jusque-là. Il avait passé une semaine de rêve « avec moi » sur la Côte d'Azur, près de Cannes. Il m'enverrait bientôt le croquis de mon costume de scène. La perspective de notre collaboration donnait des ailes à son imagination. Le nouveau spectacle allait pulvériser toutes les idées reçues sur l'hypnose. Il ferait date, nous serions les premiers, enfin l'enthousiasme de Katz trouait la feuille de nombreux points d'exclamation et de suspension. Une photo de lui posant à côté d'une statue de bronze était agrafée au centre de la page. La sculpture représentait un vieillard d'une beauté étrange. Buste décharné, genoux légèrement fléchis, il semblait prêt à uriner sur la terre entière. Sous son pied droit reposait la tête d'une femme aux cheveux longs. Ses yeux étaient ouverts. Elle souriait avec une grâce insolente. Sur le socle, un angelot regardait son nombril. Une petite fille hilare le montrait du doigt. « J'habite dans un château, commentait Katz. Les fenêtres de ma chambre donnent sur la mer. Le *Joseph-Conrad* a deux mâts. C'est le plus beau bateau du port. Nous pourrions pousser son propriétaire par-dessus bord, garder les mousses, et partir en croisière. »

Je n'étais pas contre.

Les jours devenaient de plus en plus courts. Perle revint en force habiter mes pensées. J'avais envie d'écrire son histoire. Elle peignait toujours, mais son travail avait beaucoup changé. Sa palette était devenue plus sobre. Ses personnages s'étaient éclipsés. Restaient des formes fugitives, comme des empreintes de corps. Après six ans de détention, son représentant de commerce se préparait à quitter sa cellule. Il avait bénéficié d'une remise de peine. Il serait relâché pour les fêtes. Quelle tristesse, quel cadeau, les mains vides en plein hiver — libéré.

Le sol de ma chambre était jonché de feuilles et de livres. Mon professeur de français m'apportait du travail à la maison. Allongée par terre, de loin, je suivais ses cours. J'imaginais la salle de classe, le dos des chaises et leurs graffiti obscènes, les cartes de géographie. Certaines filles écrivaient à l'encre violette, ou bleu des mers du Sud. J'avais envie de voyager. Bientôt Noël et ses boules, descendues du grenier, ses guirlandes, le sapin s'embrase puis s'éteint, on aimerait qu'il brûle pour de bon, mais non, il ne fait que jaunir le pauvre arbre, avant de laisser ses aiguilles joncher le tapis. Depuis longtemps on a renoncé aux vraies bougies. La façade de l'hôtel était déjà illuminée. Tous ces clignotements me donnaient la nausée. J'avais maigri. Le médecin prescrit une deuxième série d'analyses avant de partir pour la campagne avec sa nouvelle maîtresse (la rumeur, rien de prouvé), trois éprouvettes de sang bien rouge, un prélèvement dans la gorge, mon père exceptionnellement m'accompagna au laboratoire. Ce geste me fit plaisir. Il se montrait presque affectueux depuis quelques semaines. Plus que ma maladie et ses rechutes successives, mon obstination à refuser les visites de son demi-frère l'inquiétait. Mon père passait ses soirées à mon chevet, et je me demandais qui des deux tenait compagnie à l'autre. Il essayait sans doute de se rattraper. J'admirais sa constance, mais comment lui expliquer qu'il était un peu tard pour recevoir tout ce dont il m'avait privée jusqu'à présent ? Je n'attendais qu'une seule chose : qu'il me parle. Enfin il se décida, me demandant si rien de grave ne s'était produit pendant la nuit où j'avais dormi chez Paul. Non, répondis-je, rien de grave.

Mon père n'insista pas, s'excusa même, et alla rejoindre ma mère au salon. Le lendemain soir, il revint à la charge. « J'ai l'impression, expliqua-t-il, que tu ne nous vois même plus. »

Que répondre ? J'étais ailleurs, mon père avait raison. Qu'il le remarque, après tant d'années d'indifférence, éveilla en moi une émotion que je n'avais guère eu l'occasion d'éprouver pendant mon enfance, un élan vers ce père transparent. Je voulus me lever mais il ne m'en laissa pas l'opportunité. Il s'approcha de mon lit et, remontant la couverture qui avait glissé, me borda. Puis il posa sa main sur mon front, comme Paul aurait pu le faire. Je me sentis toute petite.

« Tu es grande maintenant, murmura-t-il. Je dois

t'avouer quelque chose. Tu ne le répéteras à personne, n'est-ce pas ?

— A personne.

— Eh bien voilà. Je... »

Il me caressait les cheveux. Sa paume était humide. Je saisis son poignet. Je ne supportais pas ce geste mécanique.

« Paul, bredouilla-t-il, connaissait ta mère avant moi. »

Le cercle se resserra autour de ma gorge. Savoir quoi, connaître qui, et pourquoi ? Ma mère, complément d'objet direct, mon oncle, avant. Le sujet, avant. Connaître, jusqu'à quel point ? Il fallait analyser les phrases, en comprendre la structure, mais l'obscurité gagnait peu à peu la pièce. Les tableaux de Perle n'étaient plus jamais encadrés. Ils ressemblaient à des rideaux, pays suspendus comme la cape du père Noël par des fils de nylon. Un oncle, une mère, il aurait fallu les mettre sous verre, les circonscrire, en finir avec le passé, les mensonges et les suppositions.

Comme un effort désespéré pour retrouver un souvenir.

Nous marchions ensemble, Perle était fatiguée, les pistes s'effaçaient sous nos pas. Je n'aimais pas être secouée, pourquoi me secouait-on, le sol s'effondrait, je repris connaissance. Mon père était toujours dans ma chambre. Il me demandait si je me sentais mieux. J'avais des fourmis dans les bras. N'allait-il pas me laisser tranquille ? Dans un éclair je revis la scène. Une dispute. La fameuse robe de chambre à carreaux était par terre et moi allongée dessus, je crois, ou recouverte plutôt, emballée. Ma mère en sandales à semelles de bois essayait de séparer les deux frères. Leurs invectives me terrorisaient. Mon père me donna une gifle parce que je pleurais. Mon oncle prit ma défense. Il voulait m'emmener. De tout mon être je me tendais vers lui, mais au moment où il allait me soulever, mon père le saisit par-derrière, il l'étranglait, Paul se laissa tomber pour échapper à son étreinte, les deux hommes roulèrent à mes pieds.

Mon oncle et son demi-frère, à mes pieds. Ma mère me porta jusqu'au lit conjugal. Elle voulut m'arracher la robe de chambre des mains, je me cramponnai de toutes mes forces au bord soyeux d'une des manches.

De ce jour, Paul avait disparu de la maison. Mon père aussi, d'ailleurs, tout en restant sur place, maître des lieux pâle et silencieux, comme terrorisé à son tour par le souvenir de ces cris.

Fièvre et étourdissements ne cédèrent du terrain qu'à la lecture de la troisième lettre de Katz. Le courrier du laboratoire d'analyses médicales arriva à point nommé pour justifier mon regain d'énergie. Tout était normal, tellement normal que cela paraissait anormal. Aurait-on pu faire une erreur dans l'étiquetage des éprouvettes ? Ma mère semblait déçue, comme humiliée. Il ne lui restait plus rien à craindre, plus rien de tangible pour offrir une base décente à ses préoccupations. Mon père ouvrit une bouteille de champagne. Moi aussi j'avais quelque chose à fêter : Katz dans sa dernière lettre me donnait enfin une adresse, celle de Pedro Santino, son assistant. Il habitait à Chevilly-Larue, dans une impasse. Lui-même m'écrirait désormais en poste restante.

Avec quelle rapidité je recouvrai mes forces ! Allègrement, je bus à la santé de tous, éclaboussant d'un sourire imprévu la pellicule — car ma mère consolée voulut prendre une photo, je l'enverrai aux habituées de Crinoline, dit-elle, trop heureuse de pouvoir enfin présenter à ses clientes une image épanouie de la famille. Petite mère, elle n'avait pas eu beaucoup de chance avec nous, entre moi, et mon oncle... Je fis de mon mieux, devant l'objectif. Je posai ma main sur son crâne. Je pensai à Bib. Mon père vint nous rejoindre en courant. Il avait enlevé ses lunettes. L'appareil était équipé d'un déclencheur à retardement. Nous ne savions pas encore que la photo serait floue.

Ma bonne humeur ne réussit pas à dissiper complètement les soupçons de mon père. Comme chaque soir depuis que j'étais malade, il passa une partie de la soirée à mon chevet. Je ne m'endormis que lorsqu'il quitta les lieux. Quelque chose en lui m'effrayait. Je préférais garder mes distances, et ce n'était plus seulement une question d'habitude : le souvenir de la dispute avec Paul, cette gifle, sa façon d'attaquer son propre frère par-derrière, puis de le chasser de la maison, renforçaient mes appréhensions à son sujet.

A l'amertume provoquée par l'impossibilité de répondre à Katz succéda le plaisir de pouvoir donner sans compter. Donner des nouvelles, des impressions. Peu à peu se livrer, comme seules les lettres permettent de le faire, par petites touches définitives.

Une légende ça s'entretient, ça se peaufine. Katz s'y connaissait en la matière. Il me racontait ses nuits, les salles bondées, le givre et les dérapages de Pedro Santino. Il m'habillait, me déshabillait, fantasmait sur les transformations de mon corps et de son spectacle. Nous nous écrivîmes tant et tant que bientôt chaque page de *L'hypnotisme à la portée de tous* se doubla d'un message de lui.

En marge de cette correspondance — qui occupait la moitié de mes journées et la quasi-totalité de mon esprit — je retournai au lycée. Au moins là-bas je n'étais pas dérangée par les thermomètres et autres introductions intempestives dans mon espace privé. Il me semblait qu'avec mes professeurs les relations étaient devenues plus souples. Parmi les élèves, rares étaient ceux qui s'intéressaient à moi. Les garçons n'osaient pas approcher. Ma gravité les effrayait. Je m'étais arrangée pour être dispensée de gymnastique jusqu'à la fin de l'année scolaire. Je ne voyais donc Léo qu'à l'heure du déjeuner, tout habillé, ce qui simplifiait les choses. J'adoptai en sa présence une petite toux chronique, pour le tenir à distance, comme un chien qui grogne ou montre les dents. Il était trop séduisant pour que je ne prenne pas mes précautions. Un peu d'asthme, soupirais-je, les conséquences de l'infection. Plusieurs fois il m'invita chez lui. Je refusai. Il me donna un bateau enfermé dans une bouteille — Léo avait passé ses vacances de Noël seul, à l'île Maurice. Il dut me trouver un peu désordonnée dans ma façon de le remercier. Mon premier geste fut d'essayer d'enlever le bouchon. Il était scellé avec de la cire rouge. J'avais envie de casser le goulot. Je pensai au *Joseph-Conrad*, le deux-mâts du port de La Napoule, près du château.

Léo m'expliqua qu'il se sentait coupable de ne pas

m'avoir envoyé quelque chose pendant ma maladie. « C'était trop risqué, s'excusa-t-il, si tes parents découvraient que nous étions, que nous avions... »

Sa culpabilité servit de paravent à mon détachement. Nous ne nous parlâmes guère. Il disait qu'il m'aimait.

Pour mes dix-sept ans, je m'offris une note acceptable aux épreuves de français du baccalauréat et la lecture de l'avant-dernier chapitre du traité. Au début, quelque chose en moi résista. Paul avait peut-être raison. Le livre était vieux, sa forme datait et j'avais grandi. Je n'étais plus la fillette fascinée par les formules magiques, ni même l'adolescente se révoltant contre les ordres de l'auteur. Je lisais avec un certain détachement, de l'amusement parfois, mais bientôt, par un de ces raccourcis dont M. A. Pearl avait le secret, je me retrouvai une fois de plus piégée par ses mots. Ce goût du paradoxe, cette faculté de retourner les situations et de vous renvoyer à votre vie intime, comme si le discours proposé ne pouvait s'adresser qu'à vous, et à vous seul, étaient fascinants. Il y avait là plus que l'exposition d'une technique : une écriture, un univers, des intuitions. L'avant-dernier chapitre s'intitulait « La naissance retrouvée » et commençait ainsi : « L'hypnotisme a le pouvoir de ramener le sujet dans un état ancien. Si vous effectuez chaque jour les exercices indiqués ci-dessous, vous réussirez bientôt à obtenir une déconnexion instantanée, où que vous soyez, et sans disposition physique particulière. Ainsi vous repousserez les limites de votre mémoire, créant par votre seule attitude un territoire propice à de fructueuses divagations. N'oubliez jamais ceci : vous savez beaucoup plus de choses que vous ne le croyez. Cette ignorance vous encombre. Ce savoir enfoui est plus dangereux qu'une lame tranchante. N'hésitez pas à rétablir le lien entre vous et votre passé. »

Suivaient une série d'exercices qui ressemblaient à tout ce que j'avais expérimenté jusqu'à présent. L'auteur évoquait dans sa conclusion la possibilité d'écrire sous autohypnose, parlait du dédoublement de l'être — les deux personnes en vous collaborant — et de cette facilité à entendre et analyser les informations qui vous parvenaient alors. Inspirée par ces suggestions, je me mis à rédiger mon journal en état de léthargie. Ma main se laissa entraîner par le stylo chargé d'encre, la plume certains jours courait sur le papier ou alors elle stagnait, paresseuse, jusqu'à le transpercer. L'une et l'autre façon me paraissaient sur le moment d'un égal intérêt.

Je n'osai jamais utiliser ce procédé pour écrire au Roi de l'Hypnose. Ses phrases à lui étaient courtes, ses propos tellement mesurés. De mon côté, je n'avais pas grand-chose à raconter. J'attendais, sagement. L'essentiel de mon bonheur tenait en une phrase : depuis ma rencontre avec Katz, j'avais quelque chose à perdre.

XII

La fréquence de mes voyages à la poste éveilla la curiosité de mes parents. Je leur mentis et ils s'en aperçurent — alors je fus obligée de fuguer dans un autre espace que celui de mon imagination.

Depuis la veille, ma mère me pressait de questions. A son tour, elle accusait Paul d'avoir exercé sur ma personne quelque manœuvre de séduction inqualifiable qui aurait eu pour conséquence de me « monter contre eux ». Elle poussa le ridicule jusqu'à m'ordonner de lui remettre ce courrier que je recevais en cachette deux fois par semaine. Ma mère avait mené son enquête — les employées de la poste se fourniraient désormais chez Crinoline à des prix défiant toute concurrence.

Devais-je encore à mon âge rendre des comptes à mes parents ? Je profitai d'un moment où ils étaient tous les deux collés devant l'écran de télévision, happés par l'image réduite d'un pays en ébullition, pour m'en aller. Mon scooter roulait encore bien.

Avant de partir, je vidai le sac de boutons dans la friteuse électrique et la branchai, en hommage à Bernard, tante Josette, mes parents si merveilleux et tous les mocassins de la terre.

Pour ne pas compromettre ma relation avec Katz, je lui demandai de ne pas m'envoyer de courrier jusqu'à nouvel ordre (un voyage imprévu, prétextai-je, bientôt il comprendrait). Il était trop tard pour lui donner rendez-vous, mais j'étais persuadée que, par ce hasard qui nous avait toujours été favorable, nos chemins se croiseraient. Sa dernière carte postale, datée de l'avant-veille, avait été postée à Charleville-Mézières. Elle représentait le visage d'un Rimbaud bleuâtre surgissant des nuages au-dessus d'un parterre de chrysanthèmes. Prochaine étape, écrivait-il, Waterloo. En guise de signature, Katz avait dessiné un bateau et une bouteille de champagne. La police m'arrêta le lendemain matin, alors que je tentais de passer la frontière belge.

Fuguer en Belgique, personne ne comprit. J'attendis longtemps dans un cube vitré, assise en face d'un douanier neurasthénique que le seul fait de mâcher son chewing-gum semblait épuiser. Parfois le téléphone sonnait. Il soupirait en regardant l'appareil. L'après-midi même je réintégrai ma ville natale, escortée par deux agents de police en uniforme. Je m'étais débattue tant et si bien qu'ils avaient été obligés de me passer les menottes. En prisonnière je revenais et je n'avais aucune envie de passer inaperçue. Nous traversâmes la place du Marché. Devant le lycée, je criai le nom d'une des filles de la classe. Des fenêtres s'ouvrirent, c'était l'heure du cours de philo. J'étais aux anges : enfin j'aurais quelque chose à raconter au Roi de l'Hypnose.

Les retrouvailles avec mes parents furent trop calmes

pour ne pas être pénibles. Ils ne me firent aucun reproche, se contenteraient de prélever, dirent-ils, de quoi acheter une friteuse neuve sur mon argent de poche, en plusieurs mensualités. Tel était le prix à payer, purement matériel, il n'y eut pas un mot plus haut que l'autre, on ne parla ni des boutons, de leur odeur ou des risques d'incendie, ni de la correspondance secrète. Rien. Le vide, pour essayer d'endiguer le trop-plein. Une colère de carpe, des bruits de salive, du sourcil froncé — les masques se succédaient, ça sentait l'intervention de l'assistante sociale, les grandes surfaces et la peur des mauvaises fréquentations. Ma mère me dévisageait de ses yeux rouges. Elle attendait que mon père assume enfin ses responsabilités. Sa fille était une délinquante. Elle se droguait peut-être, comment expliquer autrement ses airs évaporés et la blancheur de sa peau ? Mes parents s'étaient partagé les rôles — pour une fois quelque chose les obligeait à se concerter. Je compris que mon attitude était nécessaire, pour ne pas dire indispensable, à la survie du couple. Cette idée balaya en moi tout sentiment de culpabilité. Ils voulaient savoir si quelqu'un m'avait poussée à quitter la maison. On ne prononça pas le nom du demi-frère. Je restai de marbre. Katz me soutenait. En pensée, je rédigeais la lettre que je lui posterais le lendemain.

J'y consacrai une bonne partie de la nuit. La réponse arriva par retour du courrier. Son contenu me surprit. Katz me sermonnait comme mes parents n'avaient pas osé le faire. Phrases sèches, sans rature, questions. Une fugue, et puis quoi encore ? J'allais casser tous ses plans, il était désespéré, me croyait plus fiable, jamais Pedro ne serait capable de l'assister lors de son nouveau spectacle — une série de numéros conçus spécialement pour moi, écrivait-il encore, était-ce ainsi que je récompensais sa patience ?

Il ne m'embrassait pas, se contentant de signer d'une initiale rageuse.

L'exaspération de Katz m'émut. Ses reproches ne me firent pas regretter mon escapade, au contraire. Pour la première fois depuis notre rencontre, il me traitait comme une personne réelle — jeune, certes, mais susceptible d'exister, de grandir et de lui échapper. A mesure qu'approchait la date de mon anniversaire (et la possibilité de le rejoindre sans enfreindre la loi), j'éprouvais le besoin d'un petit réajustement d'image. Je n'étais pas sa chose, évaporée, je n'étais pas Perle, et surtout je n'étais pas seule. Mon oncle existait, même si je ne l'avais pas vu depuis longtemps, et Léo demeurait un allié fidèle. Il enseignait maintenant dans un autre établissement de la région, mais il habitait toujours à Sagny. Nous nous croisions souvent en ville. Une seule fois il avait essayé de me reparler de notre nuit. J'avais fait semblant de ne pas comprendre. Moi aussi, je l'aimais bien.

Le jour de mes dix-huit ans, je réunis dans un sac à dos mes affaires personnelles — quelques vêtements, des stylos, des papiers. En attendant le train pour Paris, je lus la fin du traité. Un homme me demanda de l'argent. Ses chevilles étaient entourées de serpillières maintenues par des lacets rouges. Une grande tristesse s'empara de moi. Je pensai au barbu qui m'avait permis d'entrer au Futurclub. Travaillait-il encore à la S.N.C.F. ? Sans lui, je n'aurais jamais rencontré le Roi de l'Hypnose.

Katz serait à la gare de l'Est. Il me l'avait promis. Nous partirions dès le lendemain en Normandie, près de Lisieux, où il devait donner une démonstration. Je lui servirais de sujet. Deux mois plus tôt, il m'avait proposé de venir passer quelques jours à Sagny pour que nous fassions plus ample connaissance. Je crois qu'il prenait conscience, l'échéance approchant, du poids de sa responsabilité à mon égard. Malheureusement, il tomba malade et dut annuler sa réservation à l'Hôtel des Voyageurs. Ses dernières lettres étaient moins enthousiastes que les précédentes, mes réponses plus courtes, notre langage emprunté. Nous parlions perspectives et organisation professionnelle. Les répétitions se tiendraient en banlieue parisienne. Pour commencer, j'aurais ma chambre chez Pedro Santino, à Chevilly-Larue. « Tu verras, écrivait-il, ça ne ressemble pas du tout à Sagny. Ici c'est calme, mais ce n'est pas mort. Il y a beaucoup d'enfants et des sœurs habillées de gris, le marché de Rungis, les casses sur la nationale et un petit bistrot de la cité des Sorbiers où l'on boit un délicieux kir au sancerre, enfin je suis sûr que ça te plaira. » Il me parlait encore des lignes à haute tension qui découpaient le ciel, de la bibliothèque (« toi qui aimes lire ») et du Prix cycliste du conseil municipal, 23 tours, 80 kilomètres, Pedro allait courir, il s'entraînait tous les soirs autour des halles. Cette avalanche d'informations sur ma vie future me laissait pensive, j'avais du mal à imaginer comment des éléments aussi disparates pouvaient se combiner. Je réalisai en regardant une carte que l'ancien atelier de mon oncle ne se trouvait pas très loin de là, il suffisait de traverser L'Haÿ-les-Roses et Villejuif. Cette proximité me réconforta. Une seule chose m'inquiétait : Katz ne m'avait toujours pas envoyé son adresse personnelle. Je redoutais l'arrivée à Paris. Pourquoi devais-je habiter chez Pedro Santino ?

Parfois je me faisais peur. Je me disais qu'il était marié. N'aurait-il pas été plus raisonnable d'apprendre un métier, quelque chose qui m'appartienne en propre, pour ne plus jamais dépendre de personne ?

Il était trop tard. J'avais laissé mes clefs et celles de Paul chez mes parents, en évidence, accrochées à un clou planté entre le triangle et la spirale, l'axe de Katz et les yeux de mon amie morte — au centre de ma géométrie intime, là où mon père ne verrait jamais qu'un mur sale, un mur à repeindre. J'étais partie, je ne pouvais pas rentrer à la maison, je n'avais plus de domicile.

D'une cabine téléphonique située près du guichet j'appelai la boutique. Ma mère miaula, Crinoline bonjour, un instant s'il vous plaît. Lorsqu'elle reconnut ma voix, elle me demanda d'un tout autre ton ce que je voulais encore, et je pris très mal cet *encore*, moi qui lui adressais si rarement la parole. Elle s'éloigna du combiné. Je l'entendis vanter la couleur d'une blouse de soie, « kaki clair, c'est charmant », roucoulait-elle. Son interlocutrice devait être dure d'oreille, elle répéta la phrase en hurlant. Il y eut un long silence. M'avait-elle oubliée ? Les pièces tombaient dans le corps de la machine. Le cliente ne semblait pas convaincue. Il y eut un nouveau « C'est à la mode, le kaki clair » explosif, ma mère s'emportait, « et en plus ça va avec tout ! Kaki clair et jaune, kaki clair et fuchsia, kaki clair et bleu ciel... »

A l'écouter, tout allait avec tout. Il ne me restait presque plus de monnaie. Je suppliai ma mère de m'accorder quelques secondes. Elle n'entendit pas. Il y eut des cliquetis. Je raccrochai. Elle trouverait mon petit mot sur la table de la cuisine. J'avais essayé de minimiser l'importance de mon départ en réduisant le volume des explications. « J'ai dix-huit ans, avais-je écrit, il ne faut pas m'attendre pour dîner. Merci. »

En relisant, j'avais trouvé que les remerciements étaient superflus, blessants peut-être, injustes sûrement. Mes parents méritaient mieux. Je barrai les cinq lettres et ajoutai en post-scriptum qu'il ne fallait pas s'inquiéter, qu'ils auraient de mes nouvelles.

L'intention était bonne, mais la formulation prêtait à confusion. Je ne m'en aperçus malheureusement qu'après avoir claqué la porte d'entrée.

Une voix indifférente annonça aue le train pour Paris aurait vingt minutes de retard. Les passagers en partance traînèrent leurs valises jusqu'aux bancs. Il n'y avait pas assez de place pour tout le monde. La sélection se fit sans qu'il fût besoin d'échanger un mot. Un rouquin solitaire s'assit sur le panier de son chat. J'allai m'installer près de la voie secondaire et me plongeai à nouveau dans le livre de M. A. Pearl.

Le dernier chapitre analysait les mécanismes de la suggestion post-hypnotique, cette façon de semer dans son propre cerveau ou dans celui des autres une idée susceptible de germer à son insue et de se développer sans l'aide — ou la gêne — de sa volonté. « L'épanouissement de la personnalité, notait l'auteur, passe alors par l'engourdissement d'une certaine partie de soi-même. » On revenait sur les enseignements de la première leçon. « Penser au cerveau, écrivait M. A. Pearl, au cerveau qui nous sert à penser au cerveau, l'observer par la lucarne, le connaître, le chérir, par contagion et selon le même procédé ouvrir son corps tout entier, c'est aussi partir à la découverte de l'univers. Alors les techniques exposées de façon succincte dans cet ouvrage dépassent le stade récréatif des conversations de salon. Elles permettent d'accéder non seulement à une mémoire ancestrale de l'humanité, mais aussi à une mémoire microscopique, à l'échelle des cellules.

La partie consciente de notre matière grise ne rentre que pour une infime partie dans cette double perception. »

Je sautai quelques pages. Je ne parvenais pas à me concentrer, mon esprit était ailleurs. Voilà, je quittais Sagny. Tout continuerait en mon absence selon le même rythme, les mêmes traditions : la valse des nouveautés et la quinzaine commerciale dans la rue piétonne, la livraison des quartiers de viande, l'engorgement gastrique du dimanche après-midi, les soldes, les retransmissions sportives, l'ennui — surtout l'ennui. Sagny, ou une certaine quiétude dans le pas très beau, le bien nourri, rien ne dépare (mais rien ne paraît non plus), un équilibre lourd de ruminations que ni la piscine ni l'usine de traitement des déchets n'avaient réussi à perturber en profondeur.

On annonça le passage d'un train sur la voie secondaire. Les haut-parleurs se mirent à siffler. Il fallait s'éloigner de la bordure du quai. M. A. Pearl tenait des propos nébuleux sur la naissance d'une spiritualité nouvelle. Plus de croix ni de pénitence, mais l'arrivée d'une spirale souple et large comme un ruban de terre meuble. La volonté n'est rien, proclamait-on, face aux pouvoirs de l'imagination ! Le livre s'achevait sur cette citation d'Edgar Allan Poe, imprimée en lettres italiques : « Les organes sont des cages nécessaires où sont enfermés les êtres rudimentaires jusqu'à ce qu'ils soient garnis de toutes leurs plumes. »

Je récitai la phrase à mi-voix. Mes bras devinrent légers. Je la répétai encore. C'était beau, se garnir de plumes, voler, sur la bordure du quai, s'envoler. Les autres passagers regardaient ailleurs, de l'autre côté. Un instant je fus tentée de prendre mon élan, une locomotive suivie de quelques voitures entrait en gare, elle ne s'arrêterait pas. Je m'approchai du bord, respirai à fond et jetai *L'hypnotisme à la portée de tous* sur les rails.

Le vent, l'odeur de fer. Mes jambes se mirent à trembler. Je dus m'accroupir. J'eus le temps de voir le livre se cambrer sous le premier couple de roues, puis une partie déchiquetée fut projetée dans les airs. La vague de papier vint lécher les flancs du dernier wagon, stagnant une seconde entre ciel et terre avant de retomber sur le ballast.

Le convoi transportait des vaches. Un museau humide coincé entre d'épais barreaux s'était agité, comme s'il voulait attraper au passage un morceau du traité.

Quelque chose était mort et pourtant rien ne saignait, aucun liquide n'avait jailli. Ni coulée verdâtre, ni flaque rouge. Un écrasement sec, déchirant. Pendant plusieurs semaines je ne pus regarder un livre fermé sans avoir l'impression d'étouffer. Ces feuilles comprimées les unes contre les autres, ces signes parfaitement reproductibles, si bien organisés, ces idées encastrées me rendaient mal à l'aise.

Il y eut un coup de frein aigu. On se pressait sur la voie

d'en face. Je m'arrachai au spectacle du traité — de ce qu'il en restait, sachant bien qu'au fond je ne regardais que moi-même — et montai dans le train pour Paris. Un homme qui ressemblait au confiseur de Sagny fit coulisser la porte de son compartiment. Il me dévisagea comme on glisse une main à l'intérieur d'une chaussure pour apprécier la qualité de la peau. Je frissonnai. Le chat du rouquin miaulait dans son panier. Il fallait lui donner à manger, pauvre bête. Mes poumons prisonniers se gonflaient et se dégonflaient. Du mou rose. Le confiseur me regardait toujours. Je m'éloignai de lui, ballottée, haletante, passant à la hâte plaques et soufflets. Je m'assis enfin sur un strapontin, dans le couloir. Combien de kilomètres me séparaient encore de Katz ? J'imaginais cet espace entre nous, cet espace qui à mesure que je me le représentais allait en diminuant, alors que celui qui me liait au confiseur restait stable. Je comptais les poteaux, les voitures, les maisons, j'évaluais la hauteur des arbres — et les tunnels de nous engouffrer, moi et mes calculs sans fin.

La nuit tomba. J'essayai de rester éveillée. A la gare de l'Est, il faudrait donner l'impression d'être normale.

XIII

Je vis d'abord une roue de vélo agitée dans les airs au-dessus de la masse des voyageurs. A peine sortie de mes divagations ferroviaires, je fus emportée dans un tourbillon. Pedro saisit mon sac et me poussa vers Katz. Réflexe de survie ou sentiment partagé ? Comme deux caméléons qui prennent la couleur du terrain pour échapper au danger, nous fondîmes dans les bras l'un de l'autre. C'était doux et fraternel, beaucoup moins intimidant que je ne l'avais imaginé. Katz ne me dit pas que j'avais grandi ou que j'avais bonne mine. Il évita tous les pièges, sa parole coulait, chaleureuse, et sans que je comprenne ce qui m'arrivait je me retrouvai assise à l'arrière d'un taxi puis, après une traversée interminable, dans un restaurant près de chez Pedro Santino. Il y avait des homards à la carte, sauce cardinal, et les mêmes dans l'eau, pinces liées, à l'entrée de la salle. Katz commanda du champagne. Pedro, m'expliqua-t-il, nous rejoindrait bientôt. Ce dernier arriva après les cuisses de grenouille, en nage, tenant toujours à la main sa roue de bicyclette qu'il glissa sous la table. Il ne la laissait jamais sur le cadre de peur de se la faire voler. La nuit tombait. Sur la terrasse triangulaire s'allumèrent les lampions. Pedro levait la nappe de temps à autre et scrutait l'espace, comme s'il s'attendait à surprendre quelqu'un à quatre pattes entre nos pieds. Je croisai les jambes. Il brossa un tableau apocalyptique de l'organisation des malfaiteurs de la région parisienne. « Ils opèrent par gangs, affirmait-il, Chicago à côté c'est du jus de ballon. »

L'image de Chouquette serrant entre ses crocs son os en caoutchouc me surprit alors que Pedro poursuivait son entreprise d'intimidation. Je décochai un large sourire. Ma bonne humeur se heurta à ses sombres prédictions. « Vous pouvez vous moquer de moi, dit-il, mais vous verrez, bientôt on n'osera plus se promener dans la rue. »

Je n'arrivais pas à retrouver mon sérieux.

« Bien sûr, il faut choisir son camp », conclut Pedro d'un air mystérieux avant de se tourner ostensiblement vers le Roi de l'Hypnose. Katz hocha la tête avec bonhomie. Il nous regardait comme deux enfants qui se chamaillent. Chouquette posa son museau humide contre ma cuisse. Elle voulait un bout de gâteau. Les feuilles des arbres commençaient à rougir. Mon oncle me caressait les cheveux. Nous étions installés sur un banc du square Malassis, Paul me racontait des choses terrifiantes sur l'hospice de Bicêtre. Au XVIIIe siècle on y montrait les fous comme des bêtes curieuses, pour six liards. Les prisonniers étaient enchaînés dans des cachots humides envahis par les rats. Il me parlait de ce curé bourguignon, libéré en 1836, qui avait coupé sa maîtresse en morceaux. Je l'écoutais, fascinée. Il fallait bientôt reprendre l'autobus jusqu'à la gare de l'Est, rejoindre ma mère, regagner Sagny et la vie sans histoire.

J'avais commandé du poisson. Katz s'était lancé dans le récit de leur dernier voyage. Chaque anecdote renvoyait à la suivante, chaque ville à une autre ville. Nos voisins ne perdaient pas une miette de ses propos. Leurs corps se penchaient en diagonale vers notre table lorsqu'il baissait le ton. Leur petit salé aux lentilles refroidissait. Je me concentrai sur la relation entre ces trois données, la température du plat et l'intensité de la voix de Katz, inversement proportionnelles à l'inclinaison des deux bustes (équation vertigineuse dont j'étais peut-être le résultat, assise droite devant mon poisson baigné de sauce brune). Ma tête tournait un peu, j'aurais aimé que l'on éteigne les lumières. Que dire à mes parents s'ils me retrouvaient ? Leur fille était partie sur les routes, à la suite du Roi de l'Hypnose. Elle ne voulait pas devenir comptable ni puéricultrice. Autour d'elle, depuis son départ, le monde prenait sens.

Autour d'elle, autour de moi... J'avais du mal à respirer maintenant. Les voisins occupaient trop de place, ils s'infiltraient dans notre univers, remplissaient chaque espace vide, en silence, zigzaguant entre les pointillés comme des abeilles ivres de miel. Heureusement, Katz mit un terme à cette exécrable invasion. Sans que rien ne le laisse prévoir, d'une phrase énergique, il proposa aux indiscrets de rapprocher encore les tables afin qu'ils puissent pleinement profiter de notre conversation.

Il y eut un certain flottement. Pedro gloussa. La femme, une créature bien propre aux oreilles pointues, se jeta sur une saucisse qui se mit à suinter aux endroits où la fourchette avait percé la peau. Elle en porta un morceau jusqu'à sa bouche, puis l'avala avec une gorgée d'eau. Son partenaire moins vorace, ou appelé par une avidité d'un ordre différent, sortit un livre d'une serviette de cuir luisant posée sur la banquette entre nous deux. Il l'ouvrit au hasard et se mit à lire. Il s'agissait de poissons domestiques. Leur vie, leurs aquariums. Un peu gênée, je mangeai mon saumon. La dernière phrase du traité me revint en mémoire. Les organes sont des cages nécessaires où sont enfermés les êtres rudimentaires...

Le repas s'éternisait. Pedro Santino parla peu et mangea encore moins. Il se préparait à courir et devait perdre trois kilos avant la fin du mois (perdre pour gagner, voilà qui aurait plu à M. A. Pearl). Katz surveillait de près le régime de son poulain. « C'est un tempérament », s'exclamait-il en lui bourrant le corps de coups de poings amicaux. Ledit tempérament grimaçait. Il se frottait l'épaule et s'éloignait de son entraîneur. Chaque fois que je faisais un commentaire, si insignifiant fût-il, Katz clignait de l'œil, comme pour lui dire : « Tu vois, elle est venue ! » Enfin, il demanda la carte des desserts.

Les jambes de Pedro se balançaient sous la table. Nos coupes de glace furent servies en même temps que son café décaféiné. Il les regarda avec envie. Katz lui suggéra d'aller se promener. Pedro obtempéra de mauvaise grâce. Il quitta le restaurant en poussant devant lui sa roue, tel un cerceau, sous les commentaires amusés de la patronne.

« A tout de suite », lança-t-il avant de disparaître dans la nuit.

« C'est ça, c'est ça », répondit Katz. Le serveur remplissait nos verres.

J'attaquai sans grand appétit mon chocolat liégeois,

tandis que Katz observait d'un air soupçonneux sa poire Belle Hélène. Nous bûmes à la santé de notre futur spectacle. Je redoutais le moment où il faudrait se lever et marcher dans la rue. « A l'intérieur, Pedro s'étiole », soupira Katz, puis il commença à me raconter la façon dont ils s'étaient rencontrés. L'histoire tenait du mélodrame : les parents de Pedro venaient de s'installer clandestinement en France lorsqu'ils disparurent l'un et l'autre, victimes d'un accident de la circulation. Le petit garçon fut adopté par des voisins, un couple en mal d'enfant qui, d'après la formule de Katz, voulait son bien.

« Tu vois ce que je veux dire », articula-t-il en levant les yeux au ciel.

Je regardai en l'air et ne vis rien d'autre qu'un plafond sans fissure. A ce point de l'histoire, Katz marqua une pause. Il semblait embarrassé. Je respectai son silence. D'une petite cuillère nerveuse il fouilla la crème chantilly. Les volutes blanches s'affaissèrent de chaque côté de la poire. Katz racla le chocolat qui commençait à durcir. Je le vis s'empourprer en retournant le fruit. Je ne comprenais pas les raisons de cette émotion soudaine. Il approcha son nez, coupa, goûta du bout des lèvres et s'écria enfin : « Une poire en boîte, nom de dieu, mais ils nous prennent pour des touristes ? »

Sa main aux ongles rongés repoussa violemment la coupelle. Je crus qu'elle allait s'écraser par terre et m'écartai (le bruit du verre cassé, les cris de la voisine, son compagnon éclaboussé fulminant). Comme je n'entendais rien, je rouvris les yeux. Par un de ces miracles qui rassurent de façon temporaire, la coupe s'était immobilisée juste au bord de la table.

L'affaire n'en resta pas là. Le cuisinier alerté fut

sommé de donner des explications. Il ne chercha pas à se justifier. Débonnaire, il nouait et dénouait la ceinture de son tablier sur son ventre rond en répétant que normalement la maison n'utilisait que des produits frais. Nous étions le point de mire de tout le restaurant. Katz, en homme de scène accompli, se tourna vers son public.

« Les autres, déclama-t-il, ont droit à une demi-poire pochée, délicieuse, fondante, mais pour moi, exceptionnellement, on a pris la peine d'entamer une boîte de conserve, et on croit qu'il va gober ça tout rond, l'idiot, sans rien dire. Mais cessez donc de tripoter votre ceinture ! »

Le cuisinier ne savait pas où mettre ces petits boudins qui lui servaient de doigts, il les agita quelques instants avant de les enfouir dans la poche centrale de son tablier. Le voisin louchait sur la glace.

« Je vous en prie, commenta Katz en aparté, mangez, mangez, poire en boîte, chantilly cn bombe, le résultat est explosif, vous m'en direz des nouvelles ! »

Le ton de Katz était d'une dureté disproportionnée. Il ricana lorsque la patronne vint nous apporter deux flûtes de champagne, puis finalement sembla se contenter de cette maigre réparation. J'avalai mon chocolat liégeois au plus vite de peur qu'il n'y trouve prétexte à un nouvel esclandre. Les voisins se levèrent.

« C'est comme la pêche Melba, lâcha Katz, on en rêve, on salive, et puis quand on l'a devant soi... »

Sa voix était triste, soudain. Il ne jouait plus. « Et Pedro ? » demandai-je, pressée de changer de sujet.

« Une bonne pêche Melba », dit-il encore, puis il me répondit. Les parents adoptifs de Pedro devaient trouver qu'il ne leur ressemblait pas assez car ils le mirent en apprentissage chez un marchand de cycles et ne se soucièrent plus de lui.

Les clients d'à côté partis, Katz baissa la voix. A la fin de son stage, Pedro Santino s'était retrouvé à la rue. Il n'avait ni ami ni parents, son passé même lui échappait. Alors, il se spécialisa dans le vol des deux roues.

Je revis Pedro regardant d'un air angoissé sous la table du restaurant et ne pus m'empêcher de sourire. Katz me prit la main.

« Ils étaient toute une bande, poursuivit-il. Pedro, grâce à son expérience, s'appropria le marché des vélos de course. Il ne se déplaçait jamais sans son matériel, une tenaille monumentale et une scie à métaux qu'il transportait en bandoulière, dans un étui à clarinette trafiqué. »

La note était prête, pliée en deux dans une assiette posée en évidence près des homards. Les autres tables étaient débarrassées. Deux fois, Pedro avait passé sa tête dans l'encoignure de la porte mais Katz l'avait renvoyé d'un geste sans appel. Après l'incident de la poire Belle Hélène, la patronne n'osait pas nous presser. Elle rangeait des papiers en nous surveillant du coin de l'œil. Je soupçonnais Katz de faire durer son récit pour le simple plaisir de l'empêcher de fermer. Lorsqu'il demanda l'addition, je connaissais beaucoup de choses sur l'art et la manière de forcer les serrures et de maquiller les bicyclettes, mais je ne savais toujours pas comment le Roi de l'Hypnose avait rencontré son assistant.

Katz n'attendit pas la monnaie et insista pour porter mon sac. Pedro nous rejoignit alors que nous passions devant l'église Sainte-Colombe. Katz m'avait montré le couvent et le séminaire des missions, il se prenait très au sérieux dans son rôle de guide.

« Ben alors, geignit Pedro, vous seriez partis sans moi, hein, c'est pas chic, quand même ! »

Katz lui administra une de ses fameuses bourrades. « Tu te masturbes trop souvent, dit-il en riant, il va falloir me laisser tout ça tranquille si tu veux gagner la course. »

Je fis mine de ne pas avoir entendu. Pedro repartit sur son vélo. Il nous retrouverait directement chez lui, dans une quinzaine de minutes.

Pedro habitait un pavillon entouré d'un jardinet coincé entre deux immeubles modernes flanqués de balcons tristes. Il était interdit d'y mettre des plantes à cause des infiltrations d'eau. Je ne sus rien de nouveau sur la façon dont Pedro Santino était passé de la rue à cette maison somme toute luxueuse pour un coureur cycliste débutant. Bien que son histoire fût assez incohérente, il ne me vint pas à l'esprit de mettre en doute les paroles du Roi de l'Hypnose. J'étais sous le charme, et passablement enivrée.

Katz avait les clefs. Nous nous assîmes dans le salon, une pièce mangée de tous côtés par des masses d'objets aux formes anguleuses recouvertes de bâches. Une bibliothèque surchargée couvrait le mur du fond. Je repensai au traité. Je fus prise de légers vertiges. Comment pouvait-on supporter, jour après jour, de garder tous ces mots prisonniers ? J'appelai Chouquette à la rescousse, mais je n'aperçus qu'une caricature de chien. Il s'agissait d'un dessin de mon oncle, Chouquette était assise, langue pendante, elle regardait une fleur qui poussait dans un petit pot. Des revues sportives jonchaient le sol. Katz insistait. Je répondis dans un nuage que oui, tout allait bien. Le canapé, perché sur des pieds sculptés qui ressemblaient à des pattes d'éléphant, était recouvert d'un tissu léopard. Une assiette à soupe à l'effigie de Federico Bahamontès, dit l'Aigle de Tolède, faisait office de cendrier. Pour compléter le bestiaire, une sirène en plastique gonflable était suspendue au plafond. Des coussins lamés rose et argent donnaient à l'ensemble un air de maison de passe pour célibataires flegmatiques. Je repensai aux réflexions de Katz sur les mauvaises habitudes de son assistant. Comment pouvait-il parler en ces termes devant moi ? Plaisantait-il, ou Pedro s'adonnait-il plus que de raison aux plaisirs solitaires — et y avait-il raison en la matière, chacun n'était-il pas seul juge, seul maître de son corps et de ses loisirs ? Pedro Santino râlait, il tirait sur la laisse, mais finalement obéissait à son maître. Je ne voulais pas lui ressembler. Sa docilité était effrayante.

Katz se dirigea vers la cuisine. « Je me sers un whisky en attendant, dit-il, Pedro ne va pas tarder. Si seulement il s'entraînait de façon régulière, ce serait un champion, tu peux me croire. Mais il est paresseux, voilà, il faut toujours le pousser, lui interdire de manger des olives. Chaque jour en selle, il n'y a pas de secret. Tu es sûre que tu ne veux pas boire quelque chose ? »

Oui, j'étais sûre. J'entendis Katz monter les escaliers et tirer la chasse d'eau. Puis il n'y eut plus que des bruits de pas. Rien ne me disait qu'il allait passer la nuit avec moi.

Pedro essoufflé, sa bicyclette entière propulsée devant lui, surgit d'un couloir que je n'avais pas remarqué avant. Ses pommettes saillantes rougies par l'effort pâlirent lorsque Katz nous rejoignit dans le salon. Le Roi de l'Hypnose s'était déshabillé et ne portait en guise de cache-sexe qu'une chaussette fixée autour de ses hanches par un morceau de fil électrique bleu.

Je ne ris pas. Katz s'assit sur mes genoux, comme si cela allait de soi. Je fermai les yeux pour échapper à la vision de la chaussette qui montait toute seule. Je sentis une main caresser mes cheveux. Les gestes de Katz étaient délicats. Lorsque je rouvris les paupières, après avoir compté jusqu'à dix, Pedro avait disparu. Katz s'agenouilla à mes pieds. Je me laissai aller. Je n'avais plus d'excuse, il n'y avait plus de raison d'être là sans y être, de m'abstraire, d'éviter. Il n'y avait plus de traité, aucun nouveau chapitre à découvrir. Chouquette, Bib ou la jacinthe de Josette ne pouvaient rien pour moi. Mon rêve était là, très occupé à me donner du plaisir. Je me concentrai. Léo apparaissait, nu, il me renversait sur la pile des tapis de gymnastique, mon short était déchiré. Alors que j'étais sur le point de jouir, Katz se releva. Ses genoux craquèrent. Il grogna. Je lui en voulus, comme s'il m'avait volé quelque chose. La chaussette atterrit sur le tapis et bientôt je sentis un liquide chaud couler le long de mes cuisses. Katz me regarda d'un air béat. Sa tête s'abandonna sur mon épaule et, aussitôt, son souffle s'apaisa. Aurais-je dû m'extasier ? Il dormait. J'avais l'impression que son crâne allait s'incruster à l'intérieur de mon corps, il était si lourd, toute sa vie dans cette boîte d'os, toute sa vie comme une poire en conserve et cette barbe naissante, rugueuse, s'enfonçant dans ma peau.

J'aurais aimé bouger, mais je ne voulais pas déranger Katz. Le plus doucement possible, je pleurai.

Voilà, j'avais réussi. J'étais loin de Sagny.

Enfin Katz se réveilla. Il me demanda si j'avais rêvé. Je crois que je venais juste de m'assoupir. Il m'aida à monter mes affaires au premier étage. « Voici ta chambre », me dit-il en poussant une porte au bout du couloir, « j'espère qu'elle te plaira ».

A gauche, le vide laissé par Katz, bien qu'encore le souvenir de son dos marquât le matelas. Nous avions dormi ensemble dans ces lits jumeaux reliés par une même couverture, imitation peau de panthère cette fois. Toutes les bêtes de la savane allaient y passer. De mon côté, une table de nuit était posée sur une carpette de fourrure synthétique qui ne représentait rien d'autre qu'elle-même, poils verts poussiéreux sans référence particulière. J'avais mal à la tête. Trop de vin, trop de paroles... Doucement, mes jambes glissèrent entre les draps. Je me levai. Devant la fenêtre, sur une tablette d'aggloméré verni, était disposée une rangée de pots dans lesquels s'accrochaient des plantes en mauvais état. Des moucherons nouveau-nés gravitaient autour des feuilles. Premiers pas, premiers battements d'ailes — pauvres créatures ivres d'air, comme moi. Elles volaient mollement, ne sachant s'il fallait s'aventurer plus loin ou se poser sur la terre sèche. Une belle armoire trônait en face du lit. Elle était pleine de vêtements d'homme, il n'y avait pas un cintre pour accrocher mes affaires. Une ampoule pendait au bout d'un fil au centre de la pièce. Alors je me souvins que Katz dans sa dernière lettre m'avait parlé d'un spectacle que nous devions donner en Normandie.

une démonstration d'hypnose, il était convenu que nous partirions l'après-midi même, j'étais supposée lui servir de cobaye.

Mes habits de la veille étaient posés en tas sur une chaise. Je les pliai et les glissai dans mes bagages. J'adoptai pour mon premier voyage avec Katz une tenue courte et colorée : collants verts, robe noire et bottines vermillon. Je nouai à ma ceinture une pochette en plastique rouge, assortie à mes chaussures, en guise de sac à main. Ainsi équipée, je partis à la découverte du pavillon de Pedro Santino.

J'éprouvai un grand soulagement en trouvant les toilettes libres, puis la salle de bains, enfin toute la maison vide. La porte de la chambre de Pedro était ouverte. Des crochets au plafond soutenaient une dizaine de cadres de vélos comme autant de carcasses de veaux. J'imaginai Pedro en boucher, contemplant son fonds de commerce, pneus, tripes, chaînes et boyaux. Un canapé défoncé servait de lit. Il n'y avait ni drap ni oreiller, mais un sac de couchage et encore des coussins recouverts de tissu lamé. Les maillots, peaux de chamois et autres accessoires vestimentaires étaient épinglés sur un tableau de grosse toile spécialement confectionné à cet égard. Le nom de Pedro était brodé en haut, lettres tarabiscotées couronnées d'un cœur rouge.

Cette marque d'affection me surprit. Je laissai les vélos suspendus à leurs potences pour me rendre à la cuisine. J'avais faim. Les placards étaient pleins : éther, vaseline, savon de Marseille. Permanganate de potassium. Pommades antiseptiques, vitamines. Partout des tubes, des flacons.

J'ouvris la fenêtre pour voir s'il n'y avait pas quelque chose de comestible dans le garde-manger. Un nuage de poussière surgit de l'immeuble d'en face — nul tapis, nul chiffon jaune agité au-dessus du balcon, juste de la poussière, comme si les habitants avaient inversé le mécanisme de leur aspirateur afin d'en propulser le contenu dans les airs.

Je redescendis au salon. Une valise noire attendait dans le couloir. Devais-je moi aussi prendre mon sac à dos, ou le laisser dans la pièce du second ? Ta chambre, avait dit le Roi de l'Hypnose, « voici ta chambre ». Un cube sans portemanteaux. Je m'assis en tournant le dos à la bibliothèque. J'essayai de me réciter le premier chapitre du traité. J'étais à Saint-Nizier, Sandrine me suppliait de l'hypnotiser, pourtant les mots ne sortaient pas, je restai muette. J'avais oublié.

N'était-ce pas mieux ainsi ? Chacun à sa place, Katz dans le rôle du maître et moi son assistante, l'aidant. J'avais confiance. Seul Pedro Santino, Pedro le trouble-fête et son bataillon de cycles morts, seul Pedro m'inquiétait. Faudrait-il le traîner de ville en ville, surveiller ses menus, supporter à longueur de journées ses discours paranoïaques de malfaiteur repenti ?

Je réalisai soudain qu'il avait toutes les raisons du monde de me rendre la vie impossible : je lui volais son travail, et l'attention de son ami, je dormais chez lui, peut-être même dans sa propre chambre que Katz avait réquisitionnée pour l'occasion — l'autre pièce n'étant que son atelier — enfin j'étais une jeune fille et n'avais pas une passion pour les courses, de quelque nature qu'elles soient.

Les portes étaient fermées de l'extérieur. Je commençais à trouver le temps long. Ils m'avaient laissée à la maison comme un chien qui monte la garde, on lui prépare une gamelle débordante de nourriture, la pâtée sèche sur les rebords en plastique, elle devient rose puis tourne au vert, d'une fois sur l'autre on ne nettoie pas très bien. Je pensai encore à Chouquette, l'heureuse prisonnière du Kremlin-Bicêtre, confortablement installée sur le canapé — elle fixe son reflet dans la télévision éteinte, rêve de murs souillés et de Piste aux Etoiles...

Une clef tourna dans la serrure de l'entrée principale. Je me levai d'un bond. La queue de Chouquette battait sur les coussins. J'avais honte de mon impatience. Je me retins pour ne pas m'élancer dans les bras de mon libérateur. C'était Katz, quel bonheur, c'était lui !

Suivi de près par Pedro Santino. Et par son vélo.

XIV

Katz pestait contre les embouteillages. Pedro Santino somnolait. Il m'avait confié pour mission de surveiller sa bicyclette, fixée à l'arrière de la voiture. Nous étions en retard. Katz me raconta la façon peu orthodoxe dont il avait accédé au titre de Roi de l'Hypnose — titre qu'il s'était décerné lui-même, avoua-t-il après quelques feux rouges et moult digressions. Le timbre grave de sa voix me donnait envie de dormir. J'imaginais l'épaisseur du cuir piqué de cheveux qui recouvrait sa lourde tête, peut-être trois millimètres, puis la lucarne de M. A. Pearl, rectangle de lumière s'ouvrant à chaque inspiration au centre du cercle magique délimité par la couronne royale. Je pensai à Perle. « Un de mes plus anciens copains, racontait Katz, tenait un piano-bar. C'est là que j'ai débuté. J'hypnotisais en amateur, pour m'amuser. J'avais lu tout ce que je pouvais trouver sur la question. J'ai même poussé le vice jusqu'à prendre des cours par correspondance ! J'étais doué, je me fis vite une petite réputation, on m'invita à animer des mariages ou des anniversaires. C'est pendant une de ces soirées dans une maison cossue des bords de Marne que j'ai rencontré Pedro Santino. »

Katz se retourna vers son assistant. Enfin j'allais apprendre le fin mot de l'histoire.

« Ne lui dis jamais, chuchota-t-il, que je t'ai raconté ça. Il me tuerait ! »

Je ne bronchai pas. « Notre Pedro, figure-toi, était en train de forcer la serrure d'une pièce au rez-de-chaussée alors qu'au premier étage la fête battait son plein ! Sa détermination faisait plaisir à voir. Aurais-je dû prévenir les propriétaires, téléphoner à la police ? Ce garçon m'était sympathique. Pour ne pas l'effrayer, j'ai accepté de partager son butin, un peu d'argent liquide, quelques bijoux, des babioles. Après, il m'a suivi. A l'époque, j'étais encore représentant de commerce, je voyageais beaucoup en province, Pedro me tenait compagnie. »

Je sursautai. Représentant de commerce, Katz ! Un instant je m'étais laissée croire qu'il suffirait de quitter ma ville natale pour me débarrasser de ce lourd cortège, ces êtres et ces objets qui partout m'accompagnaient, Chouquette, les contes du traité, Josette, l'assassin de Perle, enfin toutes ces choses qui jalonnaient le cours de la spirale et cycliquement reprenaient vie. Un instant.

« Après Mantes, dit Katz, ça roule mieux. »

Sur la route apparut une nappe liquide, reflet argenté frémissant sous les rayons du soleil. Je croyais m'échapper : je me noyais. Chaque cercle se dessinait clairement devant moi, repoussant l'horizon à mesure que nous avancions, chaque cercle plus grand que le précédent me ramenant à l'histoire ancienne, notre histoire — et au centre se planta le bec de Bib, toupie de plumes peintes, Bib si légère tourbillonnant dans le ciel.

Je luttais contre le sommeil. Katz alluma la radio. Une voix qui ressemblait à celle de ma mère donnait la recette des grives sur canapé. Plumer, flamber, barder, embrocher, tant de verbes pour un si petit oiseau. Il fallait placer les croûtes de pain dans la lèchefrite pour recueillir les déjections. « Lorsque les grives sont cuites, conclut la journaliste, elles se vident. »

Katz accéléra, nous avions la priorité et deux fois il fit le tour de la place avant de prendre la bonne direction. Rivée à mon siège par la ceinture de sécurité, diagonale rassurante en ce monde circulaire, je regardai vers l'arrière. La bicyclette de Pedro n'avait pas bougé.

« J'ai vendu tout et n'importe quoi, poursuivit le Roi de l'Hypnose, des rasoirs, du camembert, de la papeterie. Mon père était également représentant, c'est lui qui m'a appris les ficelles du métier. Il a travaillé toute sa vie dans la confiserie, “ ces choses qui font la fortune des dentistes, déclamait-il, et, de façon provisoire, le plaisir des écoliers ”. La première fois qu'il m'a emmené en tournée, c'était pour mon anniversaire, le jour de mes sept ans. Inoubliable. Je m'étais bien habillé, je voulais que mon père soit fier de son fils. Il n'eut pas à se plaindre : ma seule présence suffit à faire doubler son chiffre d'affaires. Dès lors, il me prit régulièrement avec lui. Suivant ses conseils, je me ruais sur les produits nouveaux avec une gourmandise feinte — comme tous les enfants, je préférais en vérité les grands classiques : le Carambar, les nounours que l'on décapite, blancs à l'intérieur, les crocodiles gélatineux... »

Katz saisit ma main et la posa sur sa cuisse droite.

« Les marchands de bonbons, voyant en ma personne le digne représentant (déjà !) de toute une génération, ne résistaient pas aux propositions de mon père. Je revenais le soir à la maison pour me mettre les pieds sous la table et ne rien manger, la langue rougie par les colorants, à la fois nauséeux et tout plein du bonheur d'avoir passé une journée entière avec lui. En guise de récompense, il me bourrait les poches de sucreries. A la récréation, mes camarades me courtisaient. Les mauvaises habitudes se prennent vite. Tu n'imagines pas ce qu'un gosse est capable de faire pour obtenir un rouleau de réglisse, même sans la bille. »

Ruban noir enroulé autour du petit caillou blanc, vert ou jaune colza, il fallait que Katz choisisse cet exemple-là. J'avais hâte d'arriver.

« Et puis voilà. Après mes études, deux années bien ficelées, je suis entré à mon tour dans le circuit. Je ne m'ennuyais pas, j'avais la foi — car il s'agit bien de croire — mais une chose me gênait : la facilité avec laquelle je réussissais à fourguer la marchandise. J'avais l'impression que mes paroles s'enfonçaient dans des mottes de beurre mou. Mon orgueil en souffrait. Ma technique était simple : je regardais mon interlocuteur droit dans les yeux, ce que jamais mes concurrents n'osaient faire, et je lui parlais au présent. J'adoptais ses mots, ses tournures de phrase. Les commerçants se reconnaissaient, je leur donnais confiance en eux-mêmes, ils s'imaginaient répétant mon discours à leurs propres clients. Je leur communiquais l'envie, le besoin même de me ressembler. A ce jeu de miroir les deux parties sortaient gagnantes. Tu vois, il ne s'agit pas de forcer, ni de convaincre d'ailleurs, mais d'impressionner. »

Un coup de klaxon prolongé interrompit sa démonstration. Katz accéléra. Il n'avait pas l'intention de se laisser doubler.

« Impressionner, comme on laisse une image sur une plaque photographique. J'affirmais, on me croyait. Devant le succès de ma méthode, je voulus monter ma propre entreprise. Je me serais spécialisé dans la commercialisation des invendus. Mon père se disait prêt à m'aider. Il paraît que, dans son domaine, il y avait de quoi écouler, des montagnes de sucreries qui n'avaient pas pris sur le marché. J'aurais formé des collaborateurs, créé un ton, une école. Mais non. Un matin le projet m'est tombé des mains. J'étais en train de discuter d'un prêt éventuel avec mon banquier lorsque j'ai regardé son bureau exigu, sa chaise tournante, son costume. Je me suis mis à rire. Impossible de prononcer un mot, on ne pouvait plus m'arrêter. Il a été obligé de me raccompagner à la porte de l'agence en s'esclaffant, pour que ses collègues ne pensent pas que je me moquais de lui. " Quel boute-en-train vous faites ", répétait-il en me tapant sur l'épaule (en réalité il me poussait vers l'avant), j'avais envie de l'embrasser tellement il avait l'air idiot. Je lui dois une fière chandelle à cet imbécile, ah quel imbécile ! C'est grâce à lui que je suis devenu le Roi de l'Hypnose. »

Katz toussa. « Quel imbécile », dit-il encore. Je pensai à Bernard.

« Mon premier geste en rentrant chez moi fut de brûler mes cartes de visite. Elles étaient recouvertes d'une pellicule de matière plastique et se recroquevillèrent sous les flammes comme des araignées. J'eus l'impression de disparaître en moi-même. Restait à m'inventer un nouveau nom, un sigle, des slogans. Le plus amusant fut d'élaborer un dossier crédible, avec une expérience, un parcours, bref, de me créer un passé. J'arrangeai quelque peu la réalité, je me dis qu'aucun organisateur de spectacle n'irait vérifier si j'avais effectivement poursuivi des études scientifiques — et en effet, personne ne vérifia. Mon ami du piano-bar me suggéra de jouer mon spectacle dans des boîtes de nuit. Je pris aussitôt contact avec les discothèques par téléphone en me faisant passer pour mon agent. Je me présentais de façon très professionnelle, je proposais une démonstration d'essai, endormi ou remboursé. J'étais devenu mon propre produit, il y avait là un défi qui me redonna goût à la vente. Pedro Santino m'aida beaucoup, au début. C'est lui qui m'encouragea, par la suite, à raffiner mon numéro en y ajoutant la bande-son, puis le film et les effets produits par la lumière noire. Une mine d'idées, ce petit Pedro. »

Katz ricana.

« Il finança le tout, poursuivit-il, par les moyens que tu imagines. Ah, les maisons des bords de Marne ! Nogent, Chennevières, Champigny... Un enchantement pour Pedro. Il tenait absolument à se voir en gros plan sur l'écran. En cinq ans, nous avons gagné notre pari. Aujourd'hui, le Roi de l'Hypnose est réclamé dans toute la France. Nous sommes même obligés de refuser des contrats. Il ne me reste plus qu'à frapper un grand coup : Paris, l'Olympia, que sais-je, les tournées internationales, mais pour cela il me fallait une assistante digne de ce nom. Pas une de ces comédiennes qui regardent leur montre et vous empoisonnent l'existence avec leurs expériences théâtrales, non : une véritable collaboratrice. Et voilà, tu es là. Le monde va s'ouvrir, grâce à toi. »

Pedro Santino changea de position. Il se mit à ronfler,

ce qui agaça Katz. Il voulait me parler calmement de ses projets mais cet imbécile l'empêchait de se concentrer. Il donna un coup de volant. Nous nous retrouvâmes sur le bas-côté de la nationale. Maison louée, moulinette à légumes. Pedro se réveilla.

« Hein, quoi, qu'est-ce qu'il y a ? » balbutia-t-il en tirant un peigne de sa poche. Drôle de réflexe, me dis-je, il me faisait penser à ma mère qui emportait toujours dans son sac à main un slip de rechange, en cas d'accident. Katz arrêta le moteur. Il sortit et détacha le vélo. Comme, tout engourdi, Pedro protestait, il l'attrapa par le col et l'obligea à quitter le siège arrière.

« Je t'offre un petit stage d'oxygénation, tu piges ? »

Pedro ébahi regardait alternativement la selle et la banquette de la voiture. Qu'avait-il fait, qu'avait-il dit dans son sommeil qui puisse mériter si cruelle punition ?

« En route, fainéant, ordonna Katz, et que ça saute ! Rendez-vous à la mairie dans une heure et demie, pas une minute de plus. Voilà le plan de la ville, débrouille-toi. Exécution. »

Sur ces mots, il lui jeta sa casquette et démarra. Je vis Pedro faire un signe de croix avant d'enfourcher sa bicyclette.

« Il n'avait qu'à pas nous déranger, commenta Katz. Et puis il aime ça, qu'on le malmène. On dirait qu'il le cherche. »

Il observait son poulain dans le rétroviseur. « Tu pars trop vite, mon grand, bougonna-t-il, avec ce vent je ne te donne pas dix kilomètres... »

L'image de Pedro rétrécit jusqu'à se fondre dans le paysage. « Où en étions-nous ? » demanda Katz. Il avait l'air triste. Je n'osais toujours pas m'endormir. A Sagny, ma mère s'entraînait sur place pendant que cuisait le poulet. Elle fixait le compte-tours. Il aurait fallu la présenter à Pedro Santino. Lui et son coup de peigne, elle et ses sous-vêtements qui sentent la lessive, eux et leurs vélos.

XV

La salle de réception de la mairie était divisée en deux parties. « Cette année, nous avons installé l'exposition photo d'un côté, nous expliqua la responsable, une bonne blonde aux yeux laiteux, et de l'autre le buffet. Les commodités se trouvent à mi-étage, en haut de l'escalier. »

« Oui, oui », répondit Katz. Je crois qu'il commençait à ressentir les premiers effets du trac. Dans la salle du fond trônait une table couverte de victuailles autour desquelles bourdonnaient déjà une centaine de convives arborant de splendides gobelets de plastique bleu pétrole. Ça sentait le parfum français et les souvenirs de guerre. Ils dépensaient une énergie considérable à s'approcher le plus près possible de la nourriture tout en donnant l'impression de n'y porter qu'un intérêt modéré. Des siècles de savoir-vivre pour en arriver là, cet équilibre fragile où chacun sans se l'avouer poursuivait le même but que son voisin de devant : prendre sa place, harmonieusement, l'évincer. « C'est ce qu'on appelle la cohésion sociale, commenta Katz. Admirable, regarde bien, il n'y a pas d'autre mot, admirable. Comment dit-on déjà ? Entre amis, à la bonne franquette — et nous on peut crever, personne ne nous préparerait une assiette. »

Katz me serra tendrement contre son épaule, comme pour me préserver de l'influence de ces gens. Je pensai à Paul, à sa façon de saisir la gueule de Chouquette entre ses mains et de la secouer. J'avais envie de pleurer. Emue et étonnée par la violence de mon émotion, je m'abandonnai à son étreinte. Il recula. Les corps s'apprivoisaient. Katz s'approcha de nouveau. « Je me demande si Pedro arrivera avant la fin du spectacle », lança-t-il d'un air enjoué.

Qu'y avait-il de drôle ? Ce Pedro Santino commençait à me pomper l'air.

La responsable nous conduisit dans un couloir, une espèce de balcon plutôt qui courait tout autour de la salle et desservait les bureaux. Là nous devions attendre l'heure de notre intervention. Nous étions programmés après le discours du maire, et le maire avait oublié son texte chez sa secrétaire. Voilà, il fallait les excuser pour le retard, nous savions tout, si nous avions besoin de quelque chose...

Katz n'écoutait pas, il me taquinait. La responsable émit un petit son en soufflant par le nez avant de redescendre se mêler à l'assistance. Il n'y avait pas d'endroit pour s'asseoir. Les portes des bureaux étaient fermées à clef. Appuyée à la ballustrade, je me mis à observer le manège de ceux qui, bientôt, deviendraient nos spectateurs. Katz vint se coller derrière moi. Une seule femme portait un chapeau — mais quel chapeau ! Des bras se faufilaient entre les peaux enrobées de percale, on avait mis son costume doublé, son ensemble demi-saison, ni trop chaud ni trop léger : mesuré. Je reconnus un tailleur qui était resté longtemps en vitrine chez Crinoline. L'architecture de la mairie ressemblait à celle de la nouvelle station de traitement des déchets. Avais-je vraiment quitté ma ville natale ?

Le Roi de l'Hypnose me mordillait le cou. Quelqu'un m'entendit rire, leva un regard courroucé vers nous, mais Katz continua. Je sentais qu'il me désirait. Une poignée d'ongles peints visant les pizzas miniatures s'enfonça par mégarde dans un bol de sauce au yaourt. Katz était aux anges. La main disparut. Elle resurgit quelques secondes plus tard, à peu près propre, pour enfin atteindre son but. Mes parents n'auraient pas déparé, ils se seraient comportés exactement comme les autres, mes parents qui sans moi, pensai-je, continuaient à vivre, une légère augmentation de leur dose de somnifères, hier soir, m'aurait remplacée. Katz m'embrassa dans l'oreille. Le bruit des conversations allait en s'amplifiant, comme si les mots prononcés assez fort pouvaient servir de paravent à leurs terribles mastications. On engrangeait, au cas où.

La réunion était organisée au profit d'une association qui luttait contre la faim dans le monde.

« On croit les posséder, mais c'est eux qui vous happent », murmura Katz. Je me retournai. Il était soudain perdu dans un univers qui m'excluait totalement. « Comment garderais-je en mémoire, poursuivit-il, les visages de tous les gens qui ont succombé à mon pouvoir ? Eux se souviendront longtemps de moi, ah ça oui, ils ne s'en priveront pas. Ils me retiendront, s'approprieront mon corps, mes mots, mes intonations, au besoin ils me réinventeront. Le Roi de l'Hypnose ? Une heure, certes, deux heures au plus, après je deviens leur proie. »

Katz se rengorgea, assez content de ses formules. Je baissai les yeux. Je n'aimais pas l'entendre parler tout seul.

« Tel est le destin de celui qui s'expose, conclut-il, devenir autre, une multitude d'autres. Ils vous avalent comme des canapés au saumon et vous régurgitent lors de conversations où ils ne pensent qu'à se faire mousser eux-mêmes. »

Pauvre Katz. Il alluma une cigarette, froissa le paquet et voulut le jeter par-dessus la rambarde. Je retins son bras. Ses longues mains tremblaient. « Je prendrais bien un whisky, tiens. Mais personne ne pense à nous apporter à boire, on pourrait mourir de soif, comme des chiens, des chiens, ouaf, ouaf, la langue pendante. »

Où était celui qui, quelques minutes auparavant, se serrait contre moi ? Je m'accroupis, boudeuse. Katz se rongeait les ongles. Enfin il me saisit le menton et m'obligea à me lever. Je dus lui lancer un « qu'est-ce qu'il y a ? » assez désemparé pour qu'il crût nécessaire de changer de ton.

« Je raconte n'importe quoi, s'excusa-t-il, rassure-toi, Pedro te le dirait, je suis toujours de mauvaise humeur avant d'entrer en scène. Il ne faut pas m'écouter. C'est ma façon à moi de me chauffer la voix. Tu vas voir, je suis persuadé que ça se passera très bien. Je compte sur toi. »

Il y avait de nouveau beaucoup de tendresse dans ses paroles.

« Mais qu'est-ce que je dois faire ? demandai-je en me dandinant.

— Faire ? Rien mon petit oiseau, rien. Te laisser faire,

c'est tout. Et m'enlever ce sac en plastique accroché à ta ceinture. Qu'est-ce que tu peux bien trimbaler là-dedans ? »

Je n'eus pas à répondre. Un mouvement parasite bouleversait l'ordre d'en bas. Je me penchai, Katz en profita pour me caresser les fesses. Un retardataire essayait de se frayer un chemin dans la masse des ventres mous. Quel toupet ! Le voilà qui s'infiltrait vers le plateau à fromages, son assiette tendue vers l'avant, simple, confiant, il avançait en prenant soin de ne pas bousculer les autres. Telles des huîtres au contact d'une goutte de citron, les convives se rétractèrent, battant des cils, on se regardait, on se serrait les coudes. Comment pouvait-on ignorer à ce point les règles les plus élémentaires de l'hypocrisie ? L'agressivité collective plana un instant avant de s'abattre sur l'homme de passage. Invectives, dilatations, un gobelet se renverse, l'étranger se tapit. Il lance à la cantonade un paquet d'excuses. Par bonheur, le maire choisit cet instant pour surgir en agitant un papier dans les airs. Katz avait réussi à soulever ma jupe. Alors un employé recouvert d'une blouse de coton gris se précipita sur l'estrade et, pressant ses lèvres contre le micro, cria : « Un, deux — test — un, deux », ce qui eut pour effet immédiat de plonger l'assemblée dans un silence religieux. Katz me glissa à l'oreille qu'il allait se concentrer quelques minutes dans les toilettes. Alors qu'il s'éloignait d'une démarche maladroite, la responsable affolée vint nous chercher. « Vous devez descendre tout de suite », ordonna-t-elle. Ses croassements seyaient mal à son teint de pêche. « Tout de suite », répéta-t-elle. Katz la bouscula. « J'arrive, mademoiselle, dit-il sèchement, vous voyez bien que je me prépare, un instant je vous prie. »

En bas, l'îlot de chair se disloqua pour se reformer, rectangulaire, autour de la scène. Le rideau qui séparait la pièce en deux s'agita. Quelqu'un faillit tomber en se prenant le pied dans l'ourlet. Le nouveau dessein collectif était de trouver un endroit où s'installer, pas trop près de l'estrade pour ne pas être mis en danger, pas trop loin pour avoir l'impression tout de même de risquer quelque chose. Une trentaine de places répondaient à cette définition. Enfin toutes les chaises furent occupées.

Le discours du maire n'intéressa pas grand monde. La sonorisation accomplissait sa mission par intermittence et lorsqu'elle se décidait à fonctionner un affreux sifflement faisait regretter cet excès de zèle. Seules certaines formules surnageaient, claironnées de manière à être entendues, le privilège du cœur, la solidarité entre les peuples, les affres du destin, lueurs d'espoir entrecoupées de plages monocordes, territoires désolés pendant lesquels grinçaient les dossiers des sièges municipaux. Je pensai à Léo, la façon dont son short se balançait entre les barres asymétriques, les bruits de bois et de jointure, ce sourire qui finalement nous avait rapprochés.

Soudain éclata un « Place au spectacle » qui déclencha l'effervescence générale. Des appareils photos se levèrent dans ma direction. Je me précipitai vers les toilettes et tambourinai contre la porte. Une voix éraillée s'éleva. Katz me priait de les faire patienter. Je n'allais pas m'y mettre aussi, ajouta-t-il, comme la blonde, il ne m'avait pas attendue un an et demi pour que je le presse : il arrivait.

Je n'insistai pas et descendis les escaliers à pas

mesurés, en comptant les marches, espérant que Katz me rattraperait. Mes jambes tremblaient. Qu'allais-je annoncer au public ? Il aurait fallu reprendre le discours de l'animateur du Futurclub, « et maintenant mesdames et messieurs, étrange et mystérieux, le Roi de l'Hypnose ! Il réalise l'impossible, foudroyant chaque année des milliers de personnes », mais je ne me sentais pas le courage de répéter ces paroles, je n'étais pas habillée pour le rôle, j'avais toujours mon sac rouge accroché à la ceinture, j'essayai de l'enlever, le nœud résistait, j'entendis des applaudissements. Une seule chose me vint à l'esprit alors que je montais sur l'estrade, les mots de M. A. Pearl, ces phrases qui avec une clarté stupéfiante sortirent de ma bouche. Le moment était arrivé de mettre en pratique son enseignement.

« L'hypnose, énonçai-je, reprenant à mon compte les réflexions du dernier chapitre, n'est pas un jeu de société exercé par des charlatans mais une science qui contribue à élargir notre connaissance du fonctionnement de la psychologie humaine. C'est une technique qui s'apprend et se pratique dans le monde entier suivant des règles bien précises. »

Je marquai une pause. D'en bas, l'assemblée me paraissait moins cohérente. Il y avait des gens de tous les âges. Je m'en voulus de les avoir jugés de façon aussi négative. Ces individus m'offraient leur attention, alors que rien ne les y obligeait, et de cette concentration naissait une force rassurante. Je reconnus le retardataire, assis à l'extrême gauche d'un des bancs du milieu. Il me dévisageait, les sourcils froncés. Je descendis de l'estrade. Tout en reprenant ma démonstration, je m'approchai de lui. Je le regardai fixement, et lorsque je lui fis signe de me suivre sur la scène il se leva sans hésiter, visiblement séduit par la fermeté de mes propos. « L'hypnose, affirmai-je, améliore la mémoire et permet de soigner de nombreuses affections. » Sans changer de ton, je demandai que l'on baisse les lumières. L'homme en blouse grise courut vers le commutateur. Le public soudain plongé dans la pénombre souffla comme une bête prise au piège. On toussait, on croisait les jambes. Pour la première fois je réalisai qu'il était bien plus facile d'endormir un être vivant que de répéter son texte debout devant deux ronds noirs dessinés sur le mur d'une chambre. L'étranger répondait très exactement à mes ordres. M. A. Pearl l'aurait classé dans la catégorie des bons sujets, à la fois paisible et curieux, facilement impressionnable. Je lui disais de lever le bras et son bras ne pouvait pas s'empêcher de se lever, de le baisser et il retombait, inerte. Je me sentais fiévreuse, possédée par le plaisir de manipuler ce corps inconnu. Nous respirions ensemble. Je lui suggérai de fermer les yeux. « Vos paupières sont verrouillées l'une contre l'autre, UN, si lourdes que plus rien ne pourra les décoller, DEUX, vous inspirez calmement, TROIS, vous êtes tranquille, tranquille, reposé. Vous dormez. »

L'homme vacillait. Alors que je réclamais une chaise, le timbre grave de Katz s'éleva. J'avais presque oublié qu'il était là, que nous l'attendions — qu'il s'attendait à ce que nous l'écoutions.

« Nous nous connaissons à peine, récita-t-il, cependant je suis persuadé que nous allons nous comprendre. Pourquoi en serait-il autrement ?

— Je vous propose de partir en voyage, poursuivis-je,

libre à chacun de rester sur le quai en agitant son mouchoir. »

Très naturellement nos indications s'entremêlaient mais bientôt, sans que j'en prenne la décision consciente, je m'aperçus que je ne parlais plus. J'avais l'impression de continuer pourtant, mais aucun son ne sortait de ma bouche. « Nous sommes capable, soutenait le Roi de l'Hypnose, de nous détruire aussi bien que de nous construire, avec la même force, le même acharnement. »

Je ne voyais pas Katz, où était-il ? Je regardais autour de moi. Mon attention ne se fixait que sur des choses futiles, l'ourlet du rideau qui se décousait, les dessins du bois, à gauche de l'estrade. Bientôt je n'entendis plus des phrases mais des groupes de sons, perles de plomb qui fuyaient entre les doigts, boutons peints, taillés, collés, avec patience classés, boutons s'enfonçant dans le cocktail de Bernard. Stoïque, je restai immobile, pleine de ces images qui s'imposaient, tant d'événements dont personne n'avait conscience. Au-dehors, on ne se doute pas et dedans ça se promène en liberté, dedans loin derrière les grillages, protégé par la diction parfaite du Roi de l'Hypnose et les rayons des roues de Pedro Santino, bientôt champion, de plus en plus vite, rouler, rouler jusqu'à la mairie. Il transpire, Pedro se dépêche. « Vous commencez à sentir cette caresse, disait Katz, cette caresse qui vous détend. » Un doigt ganté de blanc surgit devant mes yeux, alors je compris que ces mots m'étaient adressés. L'hypnotiseur hypnotisé, pensai-je, voilà qui doit plaire au public. Je vis un siège au milieu de l'estrade. L'étranger s'y était installé. Le cou relâché, les mains ouvertes, il dormait. J'avais accompli ma mission. Rassurée, je ne résistai plus aux suggestions de Katz.

Allait-il me transpercer les joues de ses aiguilles étincelantes ? Oui, je crois même qu'il était en train de le faire mais je ne sentais qu'un pincement au creux de l'épaule gauche, une piqûre d'insecte. J'avais envie de chasser le moustique. Je rouvris les yeux. Je me promenais toute seule dans la travée centrale, on m'effleurait le visage comme pour voir si j'existais vraiment, encore on me photographiait. La femme qui portait le tailleur de Crinoline leva le doigt pour demander la parole. Le maire la lui accorda. Katz le fusilla du regard. De quoi se mêlait-il ? La femme protestait. Selon elle, je n'étais pas en transe, les aiguilles étaient truquées, j'étais la baronne du Roi de l'Hypnose — la preuve, nous étions venus ensemble, dans la même voiture, elle nous avait vus arriver. Et l'homme sur la chaise, qui le connaissait, d'où sortait-il ? Tous les deux des complices, la comédie à son goût avait assez duré.

J'entendais, je comprenais, mais j'étais incapable de répondre. J'aurais aimé qu'on m'offre une place assise, Katz m'effrayait. Il avait repris ce ton de la veille, celui de la poire Belle Hélène. « Que cherchez-vous, disait-il, vous voulez m'humilier en public, vous insultez ma collaboratrice, vous insultez cet homme là-bas, cet homme qui ne peut même pas se défendre. Mais voyons, madame, surtout ne vous gênez pas pour gâcher le spectacle, vous n'en sortirez que plus ridicule. Allons, encore un petit reproche, non, rien d'autre ? »

Le public s'agitait. Monsieur le maire se retourna. « La France », dit-il, mais Katz lui coupa la parole.

« Enfin puisque vous y tenez, reprit-il, je vais vous prouver le contraire de ce que vous affirmez. Aucun simulateur ne résiste à l'épreuve du feu. Avez-vous un briquet ? On se presse un peu, Monsieur le maire vous attend, on referme son sac... Voilà qui est parfait. Approchez, madame, nous allons retourner sur la scène pour que tout le monde puisse profiter de la démonstration. Suivez-moi, je vous prie. »

Katz nous aida à monter sur l'estrade. Il m'ordonna de tendre mon bras droit vers l'avant, en direction du public, et de serrer le poing. Je crois que je le fis. Un temps infini s'écoula entre le moment où il m'avertit qu'on allait verser sur ma main quelques gouttes d'eau glacée et le moment où la femme le supplia d'arrêter Katz lâcha le briquet. Il l'avait tenu allumé tout près de ma peau, pourtant je n'avais perçu qu'une agréable sensation de fraîcheur.

La femme nous présenta ses excuses. Quelqu'un siffla. Katz me dit encore que je devais dormir, calmement, les yeux ouverts. Il enleva les aiguilles qui transperçaient mes joues et les posa sur les genoux de l'autre sujet. Un instant j'oubliai ce qui venait de se passer. Il y eut une odeur d'éther. J'avais froid, je me frottai les yeux, l'homme en blouse grise marchait vers le rideau, il l'écarta. L'ourlet continuait à se découdre. Alors, de l'autre côté de la salle, je vis les chaussures noires de Pedro Santino, ses chaussures plates de cycliste. Je fis un effort immense pour que mon regard accepte de remonter le long de ses jambes, trop longtemps il resta rivé à ses mollets avant d'accéder à sa ceinture, son ventre creux, bientôt je reconnus sa casquette...

« Personne, confirma Katz, aucun simulateur ne résiste à l'épreuve du feu. »

Il me prit par la taille et m'attira vers lui. Les spectateurs applaudirent. Les néons s'allumèrent et la silhouette aux aguets se fit plus nette encore. Je laissai échapper un cri de surprise. Pedro Santino avait lui aussi le bras tendu, en bon assistant, le poing serré. Mais au bout de ce bras il y avait un revolver, pointé vers nous.

XVI

J'aurais préféré que l'histoire s'arrête là, pourtant une chose sans cesse me rappelait à la vie : dans mon demi-sommeil, je voyais l'homme que j'avais hypnotisé, le retardataire, affalé sur sa chaise. Katz avait-il pris la peine de le réveiller avant de quitter la mairie ? Je l'imaginais seul, endormi, et cette absence me faisait mal. Je n'avais pas le droit de l'abandonner, il m'avait accordé sa confiance, j'étais responsable de lui. Il fallait que je me lève, que j'aille le délivrer de sa léthargie, mais tout se mélangeait, les mots m'échappaient, leurs définitions obscures envahissaient mon esprit. J'essayais de me remettre en mémoire les textes de M. A. Pearl, la liste des proverbes, je devais compter, compter pour reprendre pied. Je récitais : un se divise en deux, celui qui écrit lit deux fois, jamais deux sans trois. Le monde se décomposait en équations vertigineuses, la spirale reprenait ses droits. Je m'enlisais dans les chiffres. Seul mon oncle aurait pu m'aider à sortir de cet enfer visqueux. Pourquoi n'était-il pas là, à mon chevet ?

Ma chambre sentait le whisky. La porte s'ouvrait souvent. Je ne bougeais pas. Pedro Santino se penchait au-dessus de mon lit, mauvaise fée musclée agitant sa baguette à coulisse, il actionnait la pompe à vélo, comme pour chasser quelque gros insecte. L'air vicié rentrait directement dans mes narines. J'éternuais. J'avais faim. On me donnait du chocolat, des tartines, du gruyère insipide et des soupes en sachet, crème de champignon, velouté d'asperges ou minestrone. La pochette déchirée traînait sur le coin du plateau. Les miettes de pain s'accumulaient à la base des poils verts du tapis.

Pedro avant de repartir me demandait si je voulais aller aux toilettes. L'idée que je puisse souiller ses draps semblait le préoccuper plus que ma santé. La vision accablante, tenace, du revolver pointé vers l'estrade me torturait dès que la torpeur reprenait possession de mon être. Entre l'étranger de la mairie, assis, et le cycliste, debout ; entre la masse gentiment alanguie et la silhouette tendue près du rideau à l'ourlet décousu, dans l'angle mort, j'avais de la peine à respirer.

En bas, les portes claquaient. Ma main droite était bandée, à cause des brûlures provoquées par le briquet, elle occupait beaucoup de place, un espace énorme en vérité, bien plus grand que tout le reste de mon corps — ce reste qui depuis le spectacle de la mairie s'organisait autour de la plaie. Il y avait aussi ce pansement sur l'épaule, mais lui ne me gênait pas, au contraire, il me protégeait. Selon le moment du jour, les longs doigts de Katz roulaient ou déroulaient les bandes bordées de bleu. Léo Robin, où était Léo ?

« Il faut que ça prenne l'air », disait Katz en écartant le tulle. Il soufflait sur les cloques. Pedro déposait dans le salon une pile de torchons secs. Ils sont froissés, la peau est si fine, il prépare le fer à vapeur. « Aucune douleur, répétait le Roi de l'Hypnose, ton bras est lourd, très lourd, une agréable sensation de chaleur t'envahit. » Je m'enfonçais dans le matelas, mes yeux se fermaient, Katz m'amidonnait. Les rideaux étaient tirés, ce qui n'empêchait pas les voisins de vider leurs aspirateurs par la fenêtre et de sortir les bégonias en cachette. Je n'aimais pas imaginer toutes ces choses qui se tramaient à mon insu.

Pedro Santino, à défaut de gagner des courses cyclistes, gagnait des centimètres de tour de mollet. J'entendais les recommandations de Katz. Ses conseils se transformaient toujours en menaces lorsque Pedro était sur le point de quitter la maison pour aller s'entraîner. « Si tu reviens après huit heures, avertissait-il, je te renvoie à Puteaux, chez ton ancien directeur sportif ! » Pedro rentrait à huit heures moins cinq, le visage défait. Après le dîner, les deux hommes se retrouvaient dans ma chambre pour discuter. Katz vidait à gorgées lentes son verre de whisky. Il avait recouvert la lampe d'un tissu violet. A mon chevet on parlait bas. Un soir, Pedro s'effondra sur l'épaule de Katz. « Je ne trouve pas la pelle sanglotait-il, je ne sais plus où je l'ai rangée, je ne sais plus. »

Il voulait enterrer son vélo dans le jardin, comme Brambilla. Pedro épuisé se plaignait d'avoir de nouveau très mal, à cause de la selle. Katz lui reprocha de négliger l'entretien de ses affaires. « Si tu enduis ta peau de chamois avec de la vaseline, expliqua-t-il, elle va se boursoufler en séchant. Il faut d'abord la nettoyer à l'éther, c'est pas sorcier tout de même ! »

Où avait-il appris cela ? Je le soupçonnais de dire n'importe quoi. Pedro s'assit près de la penderie. Katz lui ordonna d'enlever son collant en évoquant le spectre de ces microbes dont l'appellation exquise revenait cycliquement ponctuer la conversation : les staphylocoques dorés. Il entreprit de lui masser les parties sensibles avec une des pommades entreposées dans le placard de la cuisine. Il devait croire que je dormais. De mon lit, en me penchant légèrement sur le côté, je ne distinguais pas le visage de Katz mais je voyais ses doigts glisser sur une chose qui ressemblait à un gros furoncle. Pedro, un peu gêné peut-être, voulut refermer les cuisses. Katz les maintint écartées avec son coude. D'un geste qu'il voulut déchargé de toute connotation affective, Pedro saisit alors son sexe et, l'appuyant contre son ventre, essaya de cacher son émotion. En matière de dissimulation, les filles sont mieux loties. « Ça a pénétré, balbutia-t-il, je le sens, c'est bon, je crois que ça suffit maintenant, je vais me débrouiller tout seul » — et Katz souriant de presser une nouvelle fois le tube, et la crème de jaillir. « Pas de chichi entre nous, je t'en supplie, commenta-t-il d'une voix faussement navrée, si tu crois que ça m'amuse... »

De toute évidence, la gêne de Pedro l'excitait. Je glissai ma main entre mes jambes, comme pour me protéger. Je ne comprenais pas pourquoi la vision des deux hommes me troublait à ce point. Il y avait là un territoire où M. A. Pearl s'engageait à contrecœur, se posant prudemment la question dans le cinquième chapitre : Sommes-nous responsables des déviations de notre imagination ? »

J'aurais dû être jalouse, que dis-je, choquée par le comportement de Katz et de son assistant, tout autre que moi serait parti en claquant la porte, mais non, je restai là en silence, j'observais leurs jeux. Ce n'était pas la première fois que je les surprenais dans des situations équivoques.

Le tube de crème atterrit sur le tapis. Pedro s'était retourné. Katz s'approcha de moi. Il tenait à la main une boîte de préservatifs. Le collant de Pedro, ses chaussettes et son maillot étaient disséminés sur mon lit. Katz balaya le tout. Il me donna une petite gifle et m'ordonna de me rendormir. J'avais la gorge sèche. Je déglutis mais la salive ne parvint qu'à enduire l'intérieur de ma bouche d'une pellicule huileuse, un peu écœurante. Je fermais les yeux. Katz aimait bien me prendre sous hypnose.

Pedro revint le lendemain avec son inscription au stage cycliste de La Colle-sur-Loup. L'autocar partirait de Créteil, il avait vu des photos de la région, ça n'arrêtait pas de descendre et de monter, en un mot le paradis — et la perspective d'être en pleine forme au moment du Championnat de l'Ile-de-France. Pour mettre toutes les chances de son côté, Katz lui ordonna de se raser les jambes, ce qu'il fit en pestant. Il m'obligea à toucher. Sa peau enduite de talc était très douce, quoique parsemée de petites égratignures. Des compresses souillées s'entassaient dans la poubelle. Je pensai au cake du centre de la Croix-Rouge. J'avais peur que les mouches n'y établissent leur quartier général. Je voulus le dire à Katz mais ne réussis pas à construire une phrase cohérente. J'étais trop fatiguée. Mes mâchoires douloureuses refusaient de m'obéir. En plus des séances répetées d'hypnose, on me donnait à avaler de minuscules cachets blancs. Soudain Pedro s'enflamma. « Le prix de la ville d'Ormesson, c'est moi qui l'ai gagné, tout seul, détaché, répétait-il, et le Trophée des espoirs, qu'est-ce que tu en fais du Trophée des espoirs ? »

De quoi parlait-il ? Katz embrassa mes paupières. Mes blessures lentement cicatrisaient. Il paraît que je bougeais trop, que je me posais trop de questions. Pourquoi étions-nous partis si vite de la salle de la mairie, sans attendre la fin des applaudissements ? La plaie en haut du bras, selon Katz, provenait d'une chute. Alors qu'il essayait de me réveiller, j'avais perdu connaissance. Dans mes rares moments de lucidité, je me souvenais en effet être tombée, mais je n'arrivais pas à effacer de ma mémoire l'idée qu'un coup de feu avait été tiré. Katz inlassablement me disait que je me trompais, il m'endormait et m'ordonnait d'oublier. J'aurais préféré accéder à son désir, mais ces choses-là ne se contrôlent pas. Sans cesse, lorsqu'il me demandait de lui raconter la scène, j'en venais à parler du revolver. Après la détonation, Katz m'avait portée jusqu'à la sortie de secours. Pedro Santino nous attendait dehors. Il agitait dans les airs une enveloppe qui contenait notre cachet et deux fiches bleues. Katz semblait satisfait en lisant le montant du chèque. Ensuite il avait saisi Pedro par le col et lui avait donné un coup de poing en le traitant de crétin. Je ne me rappelais plus la suite.

Longtemps après un docteur était venu. Pedro parlait du nez. Deux morceaux de coton hydrophile imbibés de sang dépassaient de ses narines. Le médecin déclara d'une voix blanche que, cette fois-ci, nous exagérions. Il demanda une pince à épiler et, dans sa hâte, renversa la bouteille de whisky. Je criai, pourtant je n'avais pas mal, seule l'odeur de l'alcool m'incommodait.

Selon la version de Katz, le revolver que j'avais vu n'était qu'un pistolet d'alarme. Il s'en servait dans son spectacle afin de prouver qu'il était possible de faire tuer quelqu'un par un agresseur sous hypnose. Il choisissait un sujet jeune, émotif, et neuf fois sur dix l'expérience réussissait. Au début du siècle, de nombreux crimes par procuration avaient ainsi défrayé la chronique. « C'était une pâte molle, lisait-on, elle allait au vice comme à la vertu. »

Faux témoignages, vols, captations d'héritage... Les histoires racontées par Katz se succédaient. Je sombrais. Alors, dans un soupir de jeune fille émue qui cadrait mal avec son physique, il posait sa bouche sur mes lèvres de caoutchouc. Mon être entier se pressait contre lui, à cet instant précis j'existais, sans autre aspiration que celle de le satisfaire. Nous étions bien d'accord : ce que j'avais pris pour une détonation était en vérité le bruit de quelque fer fixé sous une chaussure trépignante ou le claquement de deux mains plus vigoureuses que les autres.

Depuis que Pedro Santino était rentré de La Colle-sur-Loup, il passait encore plus de temps à se plaindre. Ses paroles gélatineuses me poursuivaient jusque dans mes rêves. Je voyais des groupes d'insectes casqués et haletants poursuivis par des voitures porteuses de vélos vides. L'épreuve était trop difficile, se lamentait Pedro. Son équipe ne l'aimait pas. On l'accusait d'avoir provoqué, trois ans auparavant, la chute d'un camion de gendarmerie, il était tombé d'un pont, un mort et trois blessés. Les enfants des écoles, agglutinés en bordure de route, lui avaient jeté des queues de tulipes dans les rayons.

Katz, navré, écoutait ces litanies. Sa patience m'étonnait. Il semblait réellement préoccupé par l'avenir de son assistant. Il avait de l'ambition pour lui. « Combien de fois te l'ai-je répété ? Il faut attaquer dès que tu entends le coup de pistolet, conseillait-il, c'est-à-dire bien avant, en pensée. Le problème est là, dans la tête, tu comprends, la tête ! »

Je me réveillais en sursaut. De quoi parlaient-ils, que complotaient-ils ? Un coup de pistolet, dans la tête... J'étais trempée. Je portais un maillot qui appartenait à Pedro. La porte de ma chambre se refermait.

L'apparition de fleurs fraîches, hâtivement plantées dans les pots posés devant la fenêtre, marqua ma guérison. Je me levai et m'habillai pour la première fois depuis le spectacle de la mairie. L'armoire avait été débarrassée des affaires qu'elle contenait lors de mon arrivée : enfin on m'accordait une place dans cette maison. Malgré ma faiblesse, je voulus aller faire les courses avec Katz. Il m'emmena dans un centre commercial — centre qui, comme il se doit, se trouvait à la périphérie, protégé du monde par une couronne de voitures. Il y avait là une concentration impressionnante de marchandises les plus diverses, du filet de bœuf à la bague de fiançailles, et cet amalgame provoqua en moi un état d'euphorie aussi bête qu'inexplicable. Je voyais tous ces objets à vendre, et ces gens qui couraient d'un pilier framboise à l'autre, je riais. Dix cinémas, cent cinquante boutiques, et — toujours selon les panneaux publicitaires qui jalonnaient notre chemin — 300 mètres carrés de jupes à « visualiser d'un coup d'œil ». Katz marchait devant moi. Il m'entraîna sans hésiter vers un magasin de sport qui à lui seul aurait pu contenir tous les commerces de la rue piétonne de Sagny. Ici, on ne parlait pas en termes de rayon ou d'allée, ni de secteur, mais d'univers et de royaume. Ici, personne pour me reconnaître. Personne pour me demander où j'allais, et si au lycée, je travaillais bien. Là un homme essayait une combinaison de plongée, il avait gardé ses lunettes, plus loin deux jeunes filles se dandinaient devant les raquettes de tennis. Au fond se trouvait le rayon des cycles. Freins et dérailleurs étaient exposés en vitrine, sous clef, comme des bijoux précieux. Nous achetâmes des cale-pieds en duralumin et une paire de gants pour les offrir à Pedro Santino et fêter mon rétablissement. Je ne voyais pas en quoi ce cadeau me concernait, mais enfin, j'étais heureuse de passer un moment seule avec Katz, presque dehors. Il m'invita à boire un verre en face de l'escalator principal, dans un bar avec vue panoramique sur les six mille places de parking. Nous observâmes les autres clients en silence. Il y avait trop à dire. En allant aux toilettes je m'arrêtai devant un téléphone. Sans réfléchir, je décrochai le combiné. Les brûlures avaient laissé de vilaines cicatrices sur mes doigts. Je composai le numéro du magasin. Depuis combien de temps étais-je partie ? Ma mère décrocha tout de suite : « Allô, Crinoline », je lui répondis : « C'est moi, je suis vivante. » Il y eut un grand silence au bout du fil, comme si j'avais annoncé une mauvaise nouvelle. Enfin d'une voix tremblante elle m'ordonna de lui donner mon adresse. A mon tour je me tus. Ma mère voulait au moins savoir où elle pouvait me trouver, en cas d'urgence. Je l'imaginai, débarquant dans le salon lamé rose de Pedro Santino et coupai court à ses questions.

Il était temps de commencer à travailler le nouveau spectacle. Katz qui dans sa correspondance se montrait si fier de ses idées hésitait aujourd'hui sur la direction à prendre. Il noyait ses doutes dans un déluge de propositions. Nos jeux amoureux suivaient des chemins inverses. Tout paraissait clairement défini, dès le début. Les répétitions se finissaient en chaussettes sur le canapé pattes d'éléphant. Le souvenir de nos premiers ébats dans la maison de Pedro avait marqué l'espace. Katz me renversait sur les accoudoirs, prononçant chaque jour les mêmes compliments, et si, lasse de rejouer sans cesse des scènes identiques, je lui opposais la moindre résistance, son besoin de se lier à moi se faisait plus urgent encore. Le seul moyen, je le compris bientôt, de me débarrasser de ce désir sans surprise était de précéder Katz dans ses gestes. Comme un animal qui cherche l'affection de son maître, je me vautrais contre lui. Je pensais à Chouquette, elle se frottait contre mes jambes, un filet de bave se formait au coin de ses jolies babines. Katz reculait. Je lui murmurais que je l'aimais, alors il prenait peur, qu'est-ce qui t'arrive, s'inquiétait-il, il me dévisageait d'un air embarrassé, son sexe petit, tout petit se nichait au plus loin, dans la masse des poils noirs. J'insistais, émue de le voir si démuni devant les simples caresses d'une jeune fille.

A ce rythme-là, le spectacle n'avançait guère. Comme il fallait bientôt prendre la route pour une première tournée des discothèques, Katz se résolut à interrompre notre travail quotidien, si l'on pouvait appeler cela du travail, et me nomma assistante adjointe provisoire, aux côtés de Pedro. Il me fit essayer un costume de page, chausses et chemise à collerette, que j'adoptai sur-le-champ. Mon personnage devait renforcer le caractère ambigu de la démonstration d'hypnose. Il m'emmena chez son coiffeur. J'en ressortis les cheveux courts, coupés à la garçonne. Katz semblait satisfait du résultat. « Dans un premier temps, dit-il, tu seras mon regard annexe. » Il paraît que j'avais beaucoup de présence, surtout de dos. Devant, les choses se présentaient de façon plus sage. Je devais aplatir ma poitrine contre mes côtes — décidément cette liaison était marquée par une profusion de bandes élastiques. J'obtins en même temps que le statut de page l'attribution d'une bourse garnie de quelques centaines de francs. Je la portais en bonne place, accrochée à ma ceinture. Jamais avec Katz nous n'avions évoqué la question de ma rétribution. Je crois qu'il n'envisageait pas de me payer de façon régulière. Il m'entretenait, me donnait de l'argent de poche, n'était-ce pas suffisant ? Lorsque quelques mois plus tard je m'enhardis à aborder le sujet, il me répondit que je lui faisais beaucoup de peine. Si je cherchais un travail de fonctionnaire, il ne fallait pas me gêner, je n'avais qu'à partir, il n'essayerait pas de me retenir.

« Quand je pense, commenta-t-il en hochant la tête, que je lui apprends tout, gratuitement, et qu'elle a le culot de réclamer un salaire ! »

Il me dit aussi que ce n'était pas parce que j'avais

réussi à endormir le type de la mairie qu'il fallait me croire arrivée. Pour la première fois il me reparlait de cela. Je lui demandai ce qu'il avait pensé de ma prestation. J'eus le droit à de glaciales félicitations. Il était clair que ma façon d'empiéter sur son territoire lui avait fortement déplu. Je regardai d'un œil nouveau mes cicatrices. Sur sa lancée, Katz me démontra chiffres en mains qu'il n'avait aucune raison de me payer puisque j'étais sa débitrice. A l'écouter, je lui devais plusieurs milliers de francs. De phrase en phrase ma dette augmentait. Je profitai d'une petite tache sur le mur pour m'abstraire. Je pensai à Perle. Elle peignait maintenant sur des plaques de plomb. Katz enfin s'arrêta de parler. Il me prit dans ses bras. « Et puis tu es mon petit page, n'est-ce pas ? »

Il passa sa main sous ma chemise. Je n'osai pas lui demander s'il avait réveillé l'homme avant de quitter la mairie.

Enfin, nous partîmes en tournée.

XVII

« Je vais leur bouffer les couilles à ces petits crétins », éructa Katz en m'arrachant le miroir des mains. Il le tint à quelques centimètres de son visage, parfaitement immobile, et se regarda fixement, comme s'il cherchait à s'hypnotiser lui-même. Lorsqu'il réussit enfin à se détacher de sa propre image, ses yeux étaient injectés de sang.

« Je me sens en pleine forme, dit-il en se faisant craquer les doigts, je crois qu'ils se souviendront de moi. Tu les as vus se trémousser, serrés comme des haricots, un vrai ragoût de mouton ! Et le plus drôle, c'est qu'ils payent pour ça, pour être plongés dans le noir, assourdis, comprimés, asphyxiés par la fumée des cigarettes... Mais qu'est-ce que tu fabriques, tu m'écoutes au moins ? »

Je ne répondis pas et tranquillement finis de me gominer les cheveux. Katz tournait autour de ma chaise comme une bête en cage. Mon calme l'exaspérait. La lucarne de M. A. Pearl s'ouvrait et se refermait sur le haut de son crâne. Il respirait bruyamment. « Mes gants, où sont mes gants ? » demanda-t-il enfin.

La soupape chuchote, ma mère baisse le feu. Les gants

blancs étaient à leur place, dans la poche extérieure du sac de voyage.

Si les colères de Katz me blessaient toujours, j'avais appris à n'en rien montrer. Le compte à rebours commençait. Après les slows, la rafale de mitraillette, deux coups de stroboscope — une dernière fois je vérifiai le bon fonctionnement des accessoires. Pedro dans le couloir astiquait son vélo. L'animateur prononça la phrase rituelle : « Et maintenant, mesdames et messieurs, place au Roi de l'Hypnose ! »

Soulagée, je vis Katz quitter la loge.

Il y avait eu des changements depuis la soirée du Futurclub. De semaine en semaine le spectacle était devenu plus violent. Katz avait troqué sa veste marron glacé contre un vieux blouson de cuir porté à même la peau qui allait mieux, disait-il, avec son ceinturon de l'armée américaine. Son pantalon était tellement serré qu'il n'arrivait à le fermer qu'au prix de gesticulations épuisantes. « Il n'y a pas de secret, avec les foules, faut que ça moule ! » soufflait-il en boutonnant à grand-peine sa braguette. Je lui apportais ses chaussures, mais j'avais toujours refusé de m'agenouiller devant lui pour les lui lacer. Katz appelait ça une coquetterie, déplacée de toute évidence, comme si soudain je m'étais mise à loucher. Il reportait sur les futurs spectateurs l'énervement que provoquait ma résistance. J'acceptais néanmoins de placer mon index sur la première boucle afin qu'il puisse resserrer convenablement le nœud, c'était mon petit plaisir à moi, enlever ce doigt assez vite pour qu'il ne reste pas coincé. Katz se concentrait. Il tirait d'un coup sec en émettant un bruit de glotte qui marquait l'importance de son effort. Jamais encore il n'avait réussi à m'attraper. « Voilà une bonne chose de faite », grommelait-il en exerçant avec ses pieds quelques rotations assassines avant de s'asseoir pour que je commence à le maquiller. Cet instant où il devait abandonner son visage à mes soins lui était particulièrement pénible après l'échec qu'il venait d'essuyer, mais dès qu'il était installé sur sa chaise, une serviette nouée autour du cou afin d'éviter les projections de poudre, il redevenait un sujet assez docile.

Je lui parlais lentement. Pedro Santino, qui m'avait précédée dans cette fonction, m'avait appris à tracer une ligne noire au-dessus des paupières et une autre, rouge sombre, à l'intérieur.

Pedro n'avait pas échappé à l'évolution du spectacle. Katz l'avait obligé à se raser les cheveux. Pour les besoins de son nouveau personnage, il s'était également laissé percer l'oreille droite en trois points — oreille qu'il portait largement décollée, bien que de façon moins provocante que sa jumelle de gauche (et il n'y avait plus rien pour les cacher, ni l'une ni l'autre, pas de boucle brune, plus de casquette, même retournée). Il faut avouer qu'ainsi transformé Pedro remportait un franc succès. Quand il arrivait en danseuse, agrippé au guidon de son vélo pour ne pas déraper sur la piste glissante, son chapelet d'épingles à nourrice lui caressant l'épaule, l'effet était assuré. Des coulisses, avant que Katz n'apparaisse, il poussait des cris sauvages. Les projecteurs s'éteignaient. Soudain plongés dans l'obscurité les spectateurs suivaient l'exemple de Pedro. Le niveau sonore devenait presque insupportable. Les rampes de lumière noire se mettaient à clignoter. Le Roi de l'Hypnose « en personne » bondissait sur la piste de danse. Je préparais les aiguilles. J'avais une façon de les désinfecter avant de les tendre à Katz en bougeant légèrement le bassin de droite à gauche qui faisait hurler le public. Ce mode de vie me convenait bien. Ni fille ni garçon, ailleurs : nomade jusqu'à l'intérieur de mon propre corps.

Parfois je me surprenais à rêver d'une existence plus tranquille, mais dès que nous restions deux ou trois jours au même endroit j'étais prise de vertiges. Quelle que fût la ville où nous séjournions, il y avait tôt ou tard un détail qui me rappelait Sagny : les bacs en béton de la rue piétonne ou l'architecture du nouvel Hôtel des Postes, un éclairage pharmaceutique dans une boulangerie qui vendait douze sortes de pains, les enseignes des magasins et leurs vitrines identiques, de Pontarlier à Bernay, de Louviers à Pont-Saint-Esprit, une vendeuse qui ressemblait à ma mère, sa mise coquette, ses soucis et cette question angoissée qu'elle m'avait posée au téléphone, « où te trouver s'il arrive quelque chose ? », quelque chose de grave s'entend (que pourrait-il survenir de joyeux qui méritât un tel empressement ?), ma mère et ses sous-vêtements propres dans son sac, ses au cas où, en cas que et son pot-au-feu ; mon père calme, si calme, frisant l'engourdissement, retiré dans le fauteuil du salon en attendant la retraite officielle, enfin dès que nous posions nos bagages la panoplie complète du Tout-Sagny me revenait en mémoire. Ma gorge se serrait, je devenais pâle, il fallait que je tousse, que j'éternue, que je torde quelque chose, un mouchoir, un élastique, que je sorte ou que je m'enferme pour me débarrasser de ces images. Heureusement, bien vite nous prenions la route et je rebondissais, soulagée, de l'auberge Napoléon à la

Colonne de Bronze, moules frites à toute heure, la thermos de café coincée entre mes jambes. Pedro affalé sur la banquette arrière cuvait son mal de selle. J'oubliais vite, et je croyais encore qu'il s'agissait d'une qualité.

A chaque étape de notre tournée, le rituel se répétait. Avant de nous rendre à la discothèque, Pedro achetait le journal local et Katz frénétiquement regardait s'il y avait un article le concernant. Il était très soucieux de son image publique. Il collait lui-même les coupures de presse sur le livre d'or et ne perdait pas une occasion de les montrer. Il prenait garde à ce que ses admirateurs ne sautent pas la première page sur laquelle s'étalaient les signatures de quelques personnalités du monde des arts et de la politique. Il soulignait de son index les lignes écrites, disait-il, de la propre main du ministre de l'Intérieur. Son message, rédigé entièrement par Katz un soir de beuverie, se terminait ainsi : « A mon ami Katz qui m'a sauvé la vie. »

Le Roi de l'Hypnose plissait les yeux. Il racontait comment ils s'étaient connus, à Nancy, dans un bar mal famé de la rue d'Amerval, ou, selon son humeur, à Nice, une nuit de mistral, sur la jetée. Katz disait n'importe quoi avec un aplomb imperturbable. Porté à ce niveau d'irréalité, son discours tenait plus de la fable que du mensonge. Katz vivait selon des règles différentes, très légèrement décalé du reste du monde quoique le sillonnant à la façon des arpenteurs, notant chaque détail, chaque courbe du terrain — chaque repli du cerveau. Il avait gardé de son métier de représentant une aptitude singulière à calquer ses histoires sur le désir des gens qui l'écoutaient. Voulait-on de l'horreur ? Il déclinait les drames comme si nous avions été au centre de toutes les explosions, celle de ce dancing, à Saint-Jacques-de-Compostelle ou, plus près de chez nous, celle du Macumba ; il parlait de ces trois ouvriers qui, refoulés par les gorilles de la discothèque de Guyan-Mestras, en Gironde, avaient essayé d'en défoncer la porte à coup de tracto-pelle. « Deux blessés, soupirait-il, trois en comptant le patron. Je les avais pourtant prévenus, mais ils n'ont pas voulu me laisser intervenir... »

Katz était grand amateur de faits divers. Le journal épluché atterrissait à mes pieds. Lorsque nous arrivions devant l'endroit où nous devions jouer, il s'élançait hors de la voiture, comme appelé par une force qui le dépassait. Pedro venait s'asseoir à la place du conducteur. Je devais rester et m'occuper des bagages. Katz préférait entrer sans nous dans la discothèque pour prendre possession de l'espace. « Je vais charger la salle de mon énergie, expliquait-il aux organisateurs médusés. Seul face à six cents individus en transe, je suis obligé de mettre tous les atouts de mon côté, sans quoi nous courons à la catastrophe. Il y a eu des précédents, je ne citerai pas de nom, mais vous savez combien une foule mal dirigée peut devenir dangereuse. »

En disant cela, il effectuait quelques tours de passe-passe. Par la seule force magnétique de son regard, il tordait une pièce de cinq francs ou déréglait les images des jeux électroniques. Katz était un excellent baratineur. On applaudissait, il s'inclinait. Alors, demandant aux personnes présentes quelques instants de silence absolu, il se plantait au centre de la boîte de nuit et, serrant les poings de toutes ses forces puis les relâchant, partait mentalement à l'assaut des « vibrations négatives ». Ses longs doigts aux ongles toujours rongés se tendaient alternativement vers les projecteurs, les enceintes, les tables ou les bouteilles alignées derrière le bar. Cet exercice l'ayant épuisé, Katz acceptait de boire un apéritif avant de procéder au réglage des lumières et du son. C'était sa première goutte d'alcool de la journée. Il se faisait un point d'honneur à ne pas céder plus tôt à la tentation. Cette gorgée de whisky, comme il la savourait ! Par la suite il se rattrapait, compulsivement il vidait tous ces verres qu'il s'était refusés pendant, avant et après le déjeuner. « Contrairement à ce que tu penses, je ne suis pas alcoolique », bégayait-il lorsque je le ramenais à l'hôtel, tard dans la nuit, « je suis soûl, nuance. Et je dirais même que je ne suis pas soûl, quand on regarde les choses en face, statistiquement je suis ivre, parce que je suis le Roi de l'Hypnose, et que je vous emmerde. »

J'étais trop jeune pour comprendre, répétait-il en se serrant contre moi, trop jeune. Nous perdions l'équilibre. « Tu n'es qu'une petite fille, une toute petite fille, mais si tu restes avec moi tu deviendras quelqu'un, hein Pedro, dis-lui toi qui me connais bien, pas une poupée de supermarché, une belle salope qui claque leurs becs aux crâneurs, dis-lui, Pedro... »

Il pouvait monologuer ainsi pendant des heures.

Pour Katz, donc, le spectacle commençait au moment précis où il pénétrait dans l'enceinte de la discothèque. Le personnel était son premier public. Il s'agissait de le conquérir au même titre que les futurs clients. Une trentaine de minutes plus tard j'arrivais, habillée en garçon, traînant derrière moi la grosse valise des accessoires. Dès son deuxième whisky, Katz commençait à être agressif, alors ma présence devenait nécessaire. Je servais de tampon. Katz me présentait comme son apprenti — terme qui avait l'avantage de respecter l'ambiguïté de mon identité. Il me traitait avec sévérité. Même en coulisse, il ne s'autorisait aucun geste de tendresse à mon égard. En revanche, dès qu'une personne de sexe féminin naviguait dans les parages, il s'adoucissait. Au matin encore, alors qu'après une nuit trop courte nous quittions notre chambre, il trouvait l'énergie, malgré ses maux de tête et sa bouche pâteuse, de faire la cour aux employées de l'hôtel, de les complimenter sur la couleur de leurs blouses, qu'elles fussent jaunes, bleu marine ou cuisse de nymphe émue, peu lui importait, il fallait qu'il dépose un dernier petit besoin sur le paillasson avant de partir. La réceptionniste aussi avait droit à son couplet. « Mais regardez-moi ces pupilles, s'exclamait Katz, êtes-vous au moins consciente de la qualité exceptionnelle de vos iris ? », et la femme aux yeux marron de tomber sous le charme. Il lui parlait de son métier. Elle demandait un autographe. Il sortait son jeu complet de photos dédicacées. Il y en avait pour tous les goûts, des extra-conjugales à glisser dans le secret d'un portefeuille et d'autres plus grandes, en pied, pantalon moulant et blouson noir, prêtes à rejoindre sur la commode d'une célibataire le portrait de ses parents.

Je préférais rester à l'écart. Pedro Santino était aussi jaloux que moi. Unis par cela même qui nous séparait, nous commentions en détail les progrès de l'artiste. « Je te parie qu'il lui demande son adresse », murmurait Pedro. Une fois sur trois, Katz m'obligeait à chercher dans la valise le dossier de presse du spectacle. Il me glissait alors un peu d'argent dans la main pour que nous allions boire un café. Coupés de notre sujet d'observation, perdus sans lui, n'ayant plus rien à nous dire, nous l'attendions en silence. Je savais par expérience que ces compliments matinaux ne signifiaient pas grand-chose (mais enfin justement, pourquoi les prononcer alors que nous venions de quitter le lit, enlacés, serrés l'un contre l'autre et nous embrassant ?). Ce besoin incessant de séduire me laissait bouche bée — et heureusement je me taisais malgré l'envie que j'avais de semer au passage, en ouvrant le dossier par exemple, quelque commentaire perfide. Katz ne supportait aucun reproche à l'endroit de ce qu'il appelait sa vie privée.

Parce que Katz avait une vie privée. Et nous, où nous rangeait-il ? « Mais avec toi, me rassurait-il, ce n'est pas pareil, tu es tout pour moi, je te donne ce que tu veux, je ne comprends pas ce qui te manque... »

Une fois de plus je ne répondais pas. Ma tristesse ne s'expliquait pas en terme de carence ou de pénurie. Certes ces conversations ne m'enlevaient rien, elles auraient dû me réconforter au contraire puisque, malgré toutes les qualités que Katz semblait trouver à ces filles, c'était moi qu'il choisissait, chaque nuit.

Chaque nuit, ou presque. A trois ou quatre reprises, il avait préféré dormir dans la voiture avec Pedro Santino. Ils n'avaient pas la force de monter jusqu'à l'hôtel, disaient-ils, et je ne pouvais rien faire, ni les convaincre (ils ne m'écoutaient pas), ni porter ces deux corps titubants. Katz m'avait proposé de rester avec eux dans la voiture. Je n'en étais pas encore là.

Le summum fut atteint au mois de mars, dans une discothèque proprette à l'enseigne du Diamant noir. On sélectionnait ce soir-là la plus belle poitrine de Haute-

Savoie. La vulgarité douceâtre de l'affiche annonçant la « soirée nénés » après la démonstration d'hypnose laissait présager le pire. Il y avait un voyage aux Baléares à gagner.

L'élection se déroulait en public. Katz s'en donna à cœur joie pendant le spectacle. Jamais il ne s'aida autant de ses mains pour plonger ses sujets en état de léthargie. Ainsi, de passe en passe, se forgea-t-il un avis très personnel sur les qualités respectives des futures candidates. Son manège aurait pu m'amuser s'il n'avait pas invité trois d'entre elles à se détendre dans notre loge — une pièce sombre qui servait également de vestiaire aux employés. Lorsque je revins pour me démaquiller, elles étaient allongées par terre en quinconce, une brune et deux jumelles platine à moitié nues qui tour à tour offraient leurs épaules aux massages du Roi de l'Hypnose. Elles prenaient des poses inspirées en écoutant ses conseils. Katz fit semblant de ne pas me voir. Comme je m'avançais, la fille brune se souleva sur ses coudes et, bombant le torse, me sourit d'un air aguicheur. Je me sentis rétrécir. Je partis en claquant la porte.

Katz était membre du jury. Au moment du défilé, il me demanda de ne pas m'éloigner. « Tu vas nous montrer ce dont tu es capable, souffla-t-il, puisque tu oses considérer ces créatures comme tes rivales. »

Je ne compris pas tout de suite le sens de ces mots. Comme toujours à cette heure de la nuit, Katz avait beaucoup bu. Je restai immobile derrière sa chaise jusqu'à l'apparition de la dernière candidate. Le patron de la discothèque prononça l'ouverture des délibérations. Le jury s'ébroua. Alors Katz se leva et d'une voix tonitruante annonça la participation d'une invitée surprise. Il se retourna, me saisit par la taille et me déposa comme un gros bouquet sur la table, devant lui.

Les boutons de ma chemise offrirent une piètre résistance à sa détermination. La bande Velpeau apparut. Il y eut quelques mouvements de protestation dans la salle, il était clair que le Roi de l'Hypnose agissait contre mon gré, mais lorsque les spectateurs découvrirent que je n'avais rien du bel adolescent qu'ils imaginaient, lorsqu'ils réalisèrent que je les avais trompés, ils n'eurent plus aucun égard pour ma personne. A la demande générale, Katz s'empara du bout de la bande et, lentement, lentement, me fit tourner.

Je ravalai mes larmes. Je ne voulais pas lui donner le plaisir de me voir pleurer. Fièrement, la tête haute, le regard fixé sur la boule couverte de miroirs scintillants qui tournait elle aussi au-dessus de moi, mais en sens inverse, j'avançais, un pied, puis l'autre, sur le chemin tracé par la spirale. Qu'avais-je de si précieux qu'il fallût cacher ? J'ouvris les bras. Katz s'effaçait. Je m'élevais au-delà de la foule, je comptais. Deux, trois, quatre tours complets. Perle dans son sanctuaire façonnait ses plaques de plomb. Mon corps devenait de plus en plus léger. Je sentis l'étreinte de la bande se relâcher. J'imaginai l'empreinte du crêpe sur ma peau. La boule s'immobilisa. Etourdie, je baissai un instant les yeux. Pedro, accoudé au bar, suivait la progression de ma nudité d'un regard plein de compassion.

L'apparition de mes seins, petites choses timides face aux gorges pleines des candidates officielles, provoqua l'attendrissement général. Il n'y eut ni cri ni commentaire déplacé, mais une vague d'applaudissements très doux.

Quelqu'un me tendit un foulard. Je restai là, le carré de soie plaqué contre moi comme une lettre que l'on attend depuis longtemps, et la foule demeura également immobile, un instant. Le patron m'aida à descendre de la table. Les spectateurs s'écartaient sur mon passage. Pedro Santino me raccompagna jusqu'au vestiaire.

Je m'assis par terre, dans un coin, sous la tringle qui supportait les affaires du personnel. Je tremblais.

A ma grande stupéfaction, le jury voulut me décerner le premier prix mais comme il fallait satisfaire les poitrines locales, et particulièrement celles des habituées du Diamant noir, Katz magnanime suggéra de choisir les jumelles platine. C'est elles qui se partageraient le séjour à Ibiza.

Je ne sus jamais ce que Katz avait essayé de prouver en m'obligeant à participer au concours. Pensait-il vraiment que j'allais remporter un tel succès ? Cherchait-il à m'humilier ? A l'hôtel, alors que je prenais un bain, il me présenta de vagues excuses. Je crois que cette nuit-là, il regarda mon corps pour la première fois. Il l'aima.

Cette soirée me redonna confiance en moi-même. Au lieu d'attendre Katz dans la loge après le spectacle, je me mis à traîner au bar, toujours en costume de page. Je fus surprise par la simplicité avec laquelle les gens venaient vers moi. Ils me posaient les questions qu'ils auraient aimé poser à Katz — mais Katz faisait peur, et moi j'étais là, un peu seule, un peu perdue. J'inspirais confiance. D'emblée ils me tutoyaient. Leur curiosité à mon égard n'était souvent qu'un prétexte pour engager la conversation sur des sujets qui les touchaient de façon plus profonde. Ils avaient entendu dire que l'hypnose permettait de guérir l'acné, les insomnies ou l'éjaculation précoce. C'était drôle de s'entendre adresser la parole comme à un garçon. Je hochais la tête. Ce signe pouvait passer aussi bien pour un acquiescement qu'une dénégation. N'était-ce pas à chacun de savoir sur quel territoire il plaçait sa confiance ? Ceux qui lisaient dans mon mouvement une réponse positive exposaient leur problème. « Parce que moi, tu vois... »

Oui, je voyais. Les mains s'ouvraient, on écrasait sa cigarette, les épaules légèrement s'affaissaient. Je parlais le moins possible, pour ne pas être démasquée, mais je regardais attentivement mes interlocuteurs. Sans qu'ils puissent s'en douter, je les plongeais dans un état de légère torpeur. Je bougeais d'avant en arrière tout en fixant la base de leur nez. Ils bâillaient ou se caressaient la nuque. Beaucoup commençaient par annoncer qu'ils désiraient arrêter de fumer (ou de manger compulsivement, de boire, de se droguer). Ils avaient essayé l'acuponcture, la méditation transcendantale, les bâtons de réglisse, le sport et les complexes de vitamines, sans résultat. Certains n'avaient rien entrepris de peur d'échouer. Ils connaissaient les recettes mieux que tous les autres. Ces histoires-là ne m'excitaient guère, la musique engloutissait la moitié des phrases, je répondais que oui, peut-être, dans certaines conditions. Si la personne insistait, je lui proposais d'aller nous asseoir dans un coin plus tranquille. J'avais remarqué qu'il suffisait que je m'installe de profil, les jambes croisées, la joue droite appuyée dans le creux de ma paume, pour provoquer leurs confidences, comme s'ils cherchaient à retenir mon attention défaillante. Alors il n'était plus question de sevrage ou de calories. Ces observations m'intriguèrent un instant, mais ce qui me surprit par-dessus tout fut le nombre de personnes désespérées que je rencontrais dans ce lieu où l'on croit que les gens s'amusent. Pendant qu'ils parlaient, je me revoyais debout sur la table, les bras en croix, et la tête légère qui tournait à mesure que se déroulait la bande élastique. Cette image m'aidait à écouter, à écouter vraiment, au-delà des mots, c'est-à-dire à deviner avec un peu de chance ce qui pourrait provoquer en eux ces étincelles chères à M. A. Pearl. Il ne s'agissait pas d'avoir pitié, je le compris très vite, mais d'avoir de l'imagination.

Beaucoup de filles de mon âge me parlaient. Elles étaient venues là pour se changer les idées, disaient-elles d'une voix terne, et se retrouvaient encore plus tristes, ballottées d'un groupe à l'autre, blessées par les exhortations joyeuses de l'animateur. Elles finissaient par se terrer dans un coin, de préférence près des haut-parleurs. Elles pleuraient. Au moins là, elles pouvaient prétendre que c'était à cause de la fumée. Ou de l'air conditionné.

Parfois je me reconnaissais. Nous avions toutes peur, très peur. L'objet de nos frayeurs était différent mais le sentiment était là, identique, il nous prenait à la gorge, sans prévenir, il nous paralysait. Certaines par pudeur appelaient ça de la fatigue, d'autres se révoltaient. Je me mis à boire. Plus tard que Katz, certes, et beaucoup moins, mais assez pour que cela m'aide à tenir la nuit.

Nous étions partis depuis neuf semaines. Au début, l'effet de l'alcool fut tellement plaisant que je me demandai pourquoi je n'avais pas commencé plus tôt. Je crois que la bouteille de vin introduite en cachette dans la chambre de mon oncle, au centre de réadaptation, bouteille qui avait motivé mon exclusion et, par ricochet, la percée de l'orthophoniste, m'avait tenue éloignée de l'idée de boire. Et puis à l'époque j'avais encore le livre, je n'étais pas aussi dépendante des autres.

Après trois ou quatre consommations, je devenais plus mobile, j'allais me trémousser, comme disait Katz, alors j'attirais un autre type de confessions. La liberté avec laquelle ces inconnus me racontaient leurs obsessions les plus intimes, celles qu'ils n'avaient jamais confiées à personne, me donnait du courage. Je semais des images qui célébraient la vie. Comme M. A. Pearl, je jouais avec les paradoxes et les raccourcis, sans trop me soucier de la cohérence de mes propos. Je parlais de Perle et de Chouquette. Je ne cherchais plus à cacher que j'étais une femme. On m'écoutait, peut-être encore mieux qu'avant, parfois on me remerciait. L'animateur annonçait la fermeture prochaine de la discothèque. C'était l'heure des bagarres et des messages personnels. Katz m'attrapait par le bras. Il m'ordonnait d'aller ranger les accessoires. Mentalement, à toute vitesse, je réveillais mon interlocuteur. Etonné il s'étirait, bâillait encore, se frottait les yeux. J'avais l'impression de m'enfuir avant la fin du jeu, de l'abandonner au milieu d'une scène, et pour ne pas avoir à affronter ce sentiment affreux de trahison, je m'éclipsais sans même lui dire au revoir, bonne chance, à bientôt peut-être, enfin toutes ces choses rituelles qui adoucissent les séparations.

Méritais-je la confiance de ces gens ? Je me rassurais tant bien que mal. Ils se livraient ainsi parce que j'étais de passage. Je n'aimais pas l'idée de ne plus jamais avoir de leurs nouvelles. Je pensais souvent à ce jeune homme discret qui ne comprenait pas pourquoi son amie avait crié « John » au moment de jouir, alors qu'il s'appelait Jean. Je lui avais conseillé de rester discret. Le plus important n'était-il pas qu'elle soit satisfaite ? Si la chose se répétait, il suffirait qu'il réponde : « Cora, Cora », d'une voix suave. Il m'avait promis d'essayer. Qui était John ? Un voisin, une connaissance ? Il était l'heure de disparaître. J'espérais que mes mots feraient leur chemin. J'imaginais que Jean m'enlaçait. Aveugle j'avançais, laissant derrière moi mon double voyant.

Une seule fois je sus que mes paroles avaient porté leurs fruits. Il s'agissait d'une Québécoise très jolie, une de ces demoiselles à la peau claire qui se destinent à un vrai métier. Elle poursuivait des études brillantes de droit, ses parents la respectaient, son fiancé l'attendait à Montréal. Pourtant, depuis qu'elle était arrivée en France, elle passait ses nuits dans des endroits sordides et prenait un malin plaisir à provoquer les types les plus laids. Je la pressai de questions. Cette fille ne ressemblait pas aux autres.

« Tu vois ce machin dégoulinant là-bas, vautré sur la banquette en bordure de piste ? » me demanda-t-elle en baissant le ton, comme si le seul fait de remarquer son existence la mettait en faute.

Je repérai l'individu, affalé en effet dans une position peu ragoûtante. Il portait une chemise largement ouverte, des lunettes ovales et un pantalon étroit, un peu comme celui de Katz.

« Eh bien la semaine dernière, poursuivit la Québécoise, nous avons dansé plusieurs slows ensemble et je lui ai dit : “ J'aime bien votre manière de me regarder. ” Tu comprends ça toi ? Non seulement j'acceptais son invitation, alors que l'idée d'être caressée par ses mains grasses me donnait la nausée, et en plus je lui lançais des compliments sur la chose qui me déplaisait le plus en lui, cette façon de lorgner mes seins par-dessous ses verres. Il m'arrosait le décolleté en secouant la tête, son index droit appuyé sur la monture de ses lunettes comme pour garder enfoncée la touche d'un vaporisateur. Il m'a suivie toute la nuit, je n'arrivais plus à m'en décoller. Soyons honnête, je n'ai pas essayé de le semer, au contraire : je lui ai demandé de me raccompagner en voiture jusqu'à chez moi. Il a mis la radio et le chauffage. J'habite assez loin, en arrivant il était presque sec. Je l'ai remercié et je lui ai fermé la porte au nez en prétextant une migraine. Lorsqu'il m'a revue aujourd'hui, j'ai cru qu'il allait me sauter dessus. »

Elle s'était tue. « Comme si je n'avais pas pu aller dans une autre boîte, murmura-t-elle, ou rester sagement au lit. Il fallait que je le retrouve. Que je m'expose à son jugement. »

Devais-je la croire ? L'homme regardait souvent dans notre direction. Ça ne pouvait pas continuer ainsi, disait-elle, et pourtant un plaisir irremplaçable l'envahissait lorsqu'au matin, enfilant ses chaussures plates et ramassant ses longs cheveux en un catogan impeccable, elle s'imaginait arriver à la faculté de droit avec son cavalier miteux. Elle voyait la tête de Jean-Charles, celle de Thierry, une peau rasée de près, parfumée, et leurs yeux s'arrondissant à l'apparition du couple impossible. Pourquoi lui, ce vieux poisson, et pas eux ? Elle marcherait droite, et se forcerait à l'embrasser sur les lèvres devant ses amis. Elle aurait honte. « Heureusement, précisa-t-elle en se tortillant de façon exquise, je ne l'ai jamais fait pour de vrai. C'est d'ailleurs ça qui me pose des problèmes, ne pas le faire, pour de vrai. »

Je lui demandai de répéter sa dernière phrase. Elle rougit. L'homme s'était approché de nous. Sans se démonter, il s'assit contre la Québécoise. Elle m'adressa un sourire malicieux, comme pour me dire « tu vois, je n'ai pas menti, une vraie pattemouille ». Perplexe, je sentis mon front se plisser, mais, ne voulant sous aucun prétexte ressembler à ses camarades, je lui glissai à l'oreille qu'elle devait aller jusqu'au bout, une fois au moins dans sa vie, et pourquoi pas cette nuit.

« Cette nuit ? » s'étonna-t-elle.

L'homme sortit un paquet de chewing-gum à la menthe. Je me levai. La Québécoise me demanda où elle pouvait me joindre. Je griffonnai sur son agenda mon adresse, enfin celle de Pedro Santino, à Chevilly-Larue.

Deux mois plus tard, je reçus une lettre surprenante. Elle me remerciait de lui avoir donné ce conseil. « Je ne sais pas si tu te souviens de moi, écrivait-elle, mais je tenais à te raconter... »

Elle était très amoureuse. De lui. De la pattemouille.

Lorsque je lus ce message, je n'étais plus en état de me réjouir. Les dernières semaines de tournée avaient été un calvaire. J'avais eu l'imprudence de parler à Katz du contenu de mes conversations après le spectacle. Il m'avait laissée dire, me relançant même, puis m'avait traitée d'idiote. Le spectacle n'était pas une consultation, ni une œuvre de bienfaisance, il me priait désormais de rester à ma place.

Ma place, je le compris dès le contrat suivant, était soit dans la loge, soit avec Pedro Santino. Je choisis Pedro et doublai ma consommation d'alcool. J'étais fatiguée de voir tous les vendredis et les samedis des centaines de personnes différentes, sans pouvoir leur adresser la parole, alors les gens commencèrent à tous se ressembler et je me mis à les haïr. Je sortais exténuée de ces plongées dans le monde de la nuit. Je dormais mal. Je ne supportais plus cette odeur de tabac qui partout nous poursuivait. Les gélatines roses me donnaient la nausée. Lorsqu'il me voyait si fatiguée, Katz était plutôt gentil avec moi. Il aimait bien me soigner. Il m'achetait des cargaisons de vitamines. Chaque semaine nous avancions l'un et l'autre l'heure du premier verre. Un jour, pour le déjeuner, Katz nous proposa d'aller fêter son anniversaire dans un restaurant de fruits de mer. Il commanda une bouteille de graves, puis une autre. A la fin du repas, il offrit une tournée générale. Tous les clients se levèrent pour trinquer à sa santé. Je repensai à notre premier repas ensemble, le soir des cuisses de grenouille et de la poire Belle Hélène. Ce que je redoutais arriva, Katz se mit à parler très fort, de lui, du spectacle, puis de moi qu'il prétendit avoir trouvée dans le haut de la rue Saint-Denis, j'avais à peine treize ans. On me dévisageait en souriant. On aurait aimé avoir participé au sauvetage, rétrospectivement. Katz faisait maintenant l'éloge de Pedro Santino. Il inventa à son propos une histoire bien différente de celle qu'il m'avait racontée dans la voiture : cette fois le coureur cycliste venait de la Creuse, ses parents étaient charcutiers, dès son plus jeune âge il avait livré les commandes à vélo. Les produits n'étaient pas toujours de la première fraîcheur. L'enfant pédalait de toutes ses forces pour arriver au plus vite, avant que le jambonneau perde sa chapelure, et repartait aussitôt pour échapper aux réclamations éventuelles des clients. Ainsi, bien malgré lui, Pedro s'était forgé un corps de champion. Depuis son arrivée à Chevilly, il s'entraînait quotidiennement, « mais seulement il y a une couille » (nouvelle tournée générale, à mesure que Katz buvait sa façon de parler changeait), Pedro Santino voulut protester, « S'il te plaît », commença-t-il, mais Katz ne le laissa pas terminer sa phrase. « C'est le mot couille qui te gêne ? roucoula-t-il, je le retire. Appelons ça un hic, si tu préfères. Alors c'est quoi, ce hic, tu nous le dis, mon lapin, tu nous le dis, hein ? »

Katz finit d'un trait son verre de vin. Pedro restait muet. « Tu ne vas tout de même pas me contraindre à parler des entrepôts de Rungis, insista-t-il en lui flattant le bas des reins, tu vas leur montrer bien gentiment pourquoi tu ne gagneras pas la prochaine course, ni la suivante... »

Je ne sus jamais ce qui s'était passé dans les entrepôts, mais je vis mon Pedro se tasser un peu plus et, désignant ses parties génitales, prononcer ces paroles mystérieuses : « J'ai une troisième bourse, c'est à cause des frottements du bec de selle, comme pour les genoux des carreleurs. »

Ces aveux jetèrent un froid. Les clients ne savaient pas quelle attitude adopter. Le serveur vint à leur secours. « Une troisième bourse, gloussa-t-il, pour mettre tout l'argent qu'il va gagner pendant le Tour de France ! »

Katz le renvoya à son travail. « Les ponctions n'ont pas marché, ni les injections, expliqua-t-il d'un air de mangue écrasée, il va falloir exciser. »

Il caressa la joue de son assistant puis éclata de rire.

Pedro plongea sous la table, récupéra la roue de son vélo et quitta la salle. Katz me demanda de le suivre. Je rattrapai Pedro dans la rue. J'essayai de le réconforter. Il me reparla de cette nuit où Katz m'avait obligée à montrer mes seins. « Au début, j'étais jaloux, me dit-il, mais je ne t'en voulais pas, j'en voulais à Katz, c'est lui qui t'avait persuadée de venir, lui que je visais le lendemain de ton arrivée, à la mairie. Il t'avait raconté cette histoire absurde, l'accident de mes parents, les voisins adoptifs (rien de cela n'est vrai, bien sûr). J'étais à l'arrière de la voiture, j'entendais tout, je le détestais de t'avoir parlé des cambriolages. La page est tournée depuis si longtemps, il m'avait promis... J'ai essayé de l'effrayer avec le pistolet, il n'a rien compris, et c'est toi qui as écopé. Je te le dis maintenant : je t'aime bien, jamais je ne pourrais te faire mal. »

Je reculai. Pedro essayait de m'embrasser sur la bouche. Je me collai contre la porte du restaurant. Je le revoyais, revolver en main, debout près du rideau. Comment avais-je pu effacer cette image de ma mémoire ? Depuis le début des tournées, elle m'était sortie de la tête, Katz avait passé l'éponge, mais je me souvenais de tout maintenant, l'étranger qui dormait sur sa chaise, l'ourlet décousu...

« Je t'aime bien », répétait Pedro, de la morve coulait de son nez, « j'ai peur de l'opération, il faudra m'accompagner à l'hôpital, je n'ai aucun ami, Katz s'est débrouillé pour que je me fâche avec tout le monde. Il ne me reste plus que toi, tu ne peux pas me lâcher à un moment pareil. Tu m'accompagneras, n'est-ce pas ? »

Je saisis la poignée. Bien entendu, je lui rendrais visite. Comment avais-je pu oublier cette détonation, et d'où venait cet homme qui se tenait là devant moi, se tortillant autour d'une roue de vélo dont il tripotait la valve, quelle était sa véritable identité ? « Il ne faut pas écouter Katz, racontait Pedro Santino, en réalité mes parents sont nés tous les deux à Chevilly. Ma grand-mère maternelle était fille de forains. Elle s'est installée là parce qu'il y avait du travail à la briqueterie, chez Bohy. Elle était démouleuse, ça ne s'invente pas, payée à la pièce ! »

J'essayai de partir, d'échapper à ce flot de paroles, mais Pedro ne se laissa pas interrompre. Il voulait que je sache tout, il fallait que je lui fasse confiance. « Mon père, disait-il, venait d'une famille de marbriers. Mes parents ont fêté leurs noces en face du cimetière, dans le hangar où l'on entreposait les monuments funéraires. Je suis né sept mois plus tard. Le téléphone sonnait souvent la nuit. On appelait mon père au secours. Dépêchez-vous, ma femme est enfermée dans la salle de bains ! C'est avec lui que j'ai appris le metier . mon père était serrurier. »

Pedro pleurnichait. « Un homme de confiance, il n'a pas supporté de voir son fils inculpé de vol, une maison dont nous avions changé les verrous — j'avais gardé un double des clefs. Il a déménagé pendant mon séjour en prison. Ma mère non plus ne m'a jamais pardonné. Personne ici ne sait où ils sont partis. »

J'avais trop bu, tout se mélangeait, les origines espagnoles, le jambonneau et l'association vélocipédique de Thiais où Pedro avait, paraît-il, débuté, petit maillot, petites chaussures, tout était reproduit en miniature et lui qui était grand pour son âge remporta facilement ses premières courses, les mots résonnaient dans ma tête, je sentis mon dos glisser contre la porte, Pedro se pencha vers moi...

Je fus réveillée par un crissement de pneus. « Il ne peut pas traverser dans les clous, cet abruti », hurla Katz en redémarrant. Il baissa la vitre et insulta la personne que nous avions failli renverser. L'homme se tenait le cœur. Il paraît que je m'étais évanouie devant le restaurant. Katz me déposa à l'hôtel avant de rejoindre Pedro à la discothèque. Ils joueraient le spectacle sans moi.

Je n'avais pas vingt ans et déjà je perdais la mémoire. Je luttai contre moi-même pour essayer de me souvenir, mais certains détails m'échappaient encore. Par exemple je ne comprenais pas ce que nous avions fait de la gare de l'Est au restaurant de Chevilly-Larue. Je revoyais parfaitement l'endroit, la tête de la patronne, les homards bleus aux pinces liées, les nappes rouges, mais pendant ce trajet en taxi de quoi avions-nous parlé ? De la même façon, je n'avais pas oublié les brûlures, les cicatrices étaient là pour m'en empêcher, mais je doutais de la façon dont s'était produit l'accident. Lorsque j'interrogeai Katz à ce sujet, il se mit à rire. « Et cette casserole de soupe dont le manche était mal vissé, ça ne t'évoque rien par hasard ? »

Du potage, oui, en sachets, une casserole posée sur le feu, l'eau bouillait, mais je ne me rappelais aucun manche qui tournât, aucun.

Katz me regarda étrangement. « Tu me fais peur, Cora, parfois tu me fais vraiment peur. »

Dans l'incertitude, j'entrepris de noter chaque jour tout ce qui m'arrivait. J'avais acheté pour cela des petits carnets facilement dissimulables et un porte-mine qui écrivait très fin. Cette activité secrète me redonna goût à la vie. Lorsque j'avais le temps, je consignais également en phrases codées les événements importants de mon enfance. Je constatai de nombreuses failles, des pans entiers qui semblaient avoir disparu depuis le spectacle de la mairie. Revenaient toujours les mêmes décors, comme des hallucinations, la maison louée, le centre de réadaptation fonctionnelle, l'appartement de Josette et les tableaux de Perle, intacts, gravés à jamais dans ma mémoire.

Nous étions rentrés à Chevilly-Larue. Finis les habits roulés en boule, les lèvres desséchées, les petites collations et les gros contrats — ne pas oser s'endormir avant Katz, de crainte qu'il ne se relève, vivre chaque nuit comme sa dernière nuit, pour tenir, chaque jour comme l'ultime, puis diviser encore la journée en périodes plus courtes : avant le déjeuner, après le café, pendant le maquillage, après le spectacle. Ainsi morcelé, le temps paraissait moins long, et la fatigue supportable.

Je respirais profondément. Il n'y avait plus de chaussure à lacer, nous pouvions rester en pantoufles et le soir par la fenêtre regarder le bleu des télévisions de l'immeuble voisin. Katz me laissait sortir seule le matin, pendant qu'il dormait. Pedro m'avait indiqué cette porte grillagée derrière la bibliothèque qui permettait d'accéder facilement au marché de Rungis. Il parlait du faux plat, 1,800 km vers le pavillon de la marée, tu devrais voir ça, disait-il. J'allais parfois me promener jusqu'à la chapelle, dans le parc du Petit-Leroy, ossuaire érigé — lisait-on — à la mémoire des missionnaires du

Saint-Esprit. J'aimais bien cet endroit. Je ne découvris pas tout de suite l'empreinte de pneu, sculptée en profondeur sur un talus, non loin de l'entrée du jardin. Elle me rappela les machines qui venaient ramasser le colza près de chez mon oncle. Il s'agissait d'un sillon unique d'une trentaine de mètres de long, tapis monumental aux figures géométriques déroulé sous le couloir des lignes à très haute tension — et les petites filles jouaient là, les garçons les poursuivaient, tout leur semblait normal. Lorsqu'ils partaient, je me plaçais dans l'axe de la trace, les bras en croix. Peu à peu, le monde se partageait : d'un côté l'allée de thuyas, les toits du séminaire, de l'autre la chapelle. J'attendais. C'était peut-être cela, quitter l'enfance, apprendre à reconnaître les directions, comprendre d'où vient la lumière, comme les tournesols se résigner au mouvement des jours et des saisons. Je fixais mon attention sur les pylônes gigantesques. Il y avait dans ces alignements quelque chose de douloureux. Je rêvais que j'allais me réfugier chez Perle. Je me sentais très seule.

La troisième bourse de Pedro se stabilisait — j'avais appris que cet encombrant appendice s'appelait un hygroma, ce n'était pas une plaisanterie, ni la marque tangible d'humiliations successives ni même comme le redoutait Katz une invasion de ces staphylocoques dits dorés, mais bien une espèce de kyste provoqué par les frottements de la selle. Il fallait l'enlever. Pedro avait été obligé d'interrompre l'entraînement : après la visite médicale, on lui avait retiré sa licence. Katz exigeait toujours de lui totale obéissance. Il n'y avait plus de courses pour justifier ce pouvoir exorbitant, les deux hommes ne s'entendaient pas aussi bien qu'avant. L'équilibre était rompu. Il manquait à Pedro ses échappées à vélo, évasions qui lui valaient récompense, comme un chien qui rapporte à son maître le morceau de bois lancé dans l'étang, même boueux, et Katz de son côté avait été dépouillé de sa charge et de ses ambitions. Il n'était plus indispensable. Nous attendions l'opération.

XVIII

Katz tenait à ce que nous profitions des vacances pour répéter. Il avait gardé un souvenir ému du concours de poitrines et s'était mis en tête de me faire déshabiller sur scène. « Un effeuillage classique, m'expliqua-t-il, porte-jarretelles et compagnie, pour qu'ils s'ouvrent comme des tulipes les mignons — et patatras, au moment où ils s'y attendent le moins, je balance la sauce. Les aiguilles enfoncées dans les joues, la main coupée, tambour battant on reprend sur mon nouveau numéro de fakir. Pendant ce temps-là, tu changes de costume (quelque chose de très sobre, un petit maillot lacé, du cuir peut-être). Il ne faudra pas oublier de me creuser les côtes au maquillage, à moins que je ne maigrisse d'ici là. Ensuite nous enchaînons avec les lames de rasoir et le meurtre sous hypnose. Pour la deuxième partie je me déguise en marquis de Sade et je fous Pedro en soubrette — avec ses jambes rasées il fera merveille. Si nous ne passons pas à l'Olympia dans l'année qui suit, je n'y comprends plus rien. Qu'est-ce que tu en penses ? »

Katz exultait. L'idée de commencer le spectacle en enlevant mes habits m'était insupportable. Je cherchai par tous les moyens à l'en dissuader, sans résultat : Katz acceptait à la rigueur d'abandonner son numéro de fakir, mais il me voulait absolument devant lui, nue, sur la piste de danse. « Il faut que tu comprennes, insistait-il, pour l'amour de l'art, même si au début tu dois te forcer un peu... »

Un soir, il me supplia d'imaginer la scène. Son projet ne pouvait se réaliser qu'avec mon accord — mieux : mon approbation. Forte de cette certitude, je résistai de plus belle. La tête dans les mains, comme si cela lui demandait un grand effort de concentration, il resta quelques minutes en silence. Il essayait de trouver une autre façon d'introduire le numéro des aiguilles. Enfin, sortant de son extase, Katz laissa tomber le verdict : « Un triangle sur la foufoune, proclama-t-il d'un air consterné, je ne vois pas autre chose. Les vibrations positives de ta peau dans la lumière des projecteurs, un miracle, une apparition, sainte Thérèse de Lisieux agenouillée à côté de son père, alors Pedro pousse un hurlement... »

Je haussai les épaules. « Il s'agit d'une vision, s'emporta-t-il, tu es bouchée, ma parole ! »

Katz se mit à marcher de long en large. Je m'assis, les jambes croisées, je n'osais pas bouger de peur d'attiser sa colère. Soudain il se calma. Lui-même n'y pouvait rien changer, se lamenta-t-il, tout Roi de l'Hypnose qu'il était, il devait obéir à son inspiration. Il me parla du danger de contrarier les muses. A bout d'argument, j'acceptai de travailler la scène dans le salon. « Ça ne nous engage à rien, dit Katz en poussant le canapé contre la bibliothèque, une tentative, entre nous. »

Entre nous, un jour, deux jours, de faux départs en larmes écrasées, la semaine s'écoula, puis nous partîmes à la recherche de mon costume. Katz me traîna d'une boutique à l'autre, il faisait tout sortir, m'obligeait à tout essayer — son regard glissant sur moi, l'air complice de la vendeuse, mon image dix fois reflétée dans le miroir chez Jasmonde ou Eglantine, Soie câline, Rose du bois, pour repartir bredouille, voiture, embouteillages et encore les pages jaunes de l'annuaire...

Enfin Katz jeta son dévolu sur une panoplie noire et minimale.

De retour chez Pedro Santino, les livres me semblèrent encore plus comprimés que d'habitude. Katz choisit une musique langoureuse. Je me dénudai trop vite, pour être débarrassée de ces lingeries qui me grattaient, je crois que j'étais allergique, des plaques de petits boutons rouges apparurent, remplaçant bientôt la dentelle, elles suivaient la ligne du slip et des bretelles comme pour délimiter le territoire secret, sous les seins, sur le ventre et tout autour des cuisses. Nous changeâmes de sous-vêtements (nouvelle tournée de Fresnes à Saint-Maur-des-Fossés, en passant par le centre commercial aux six mille places de parking), ça allait mieux, l'éruption se résorba mais je n'arrivais toujours pas à m'inscrire dans la vision de Katz. Il crut bon de m'emmener assister à des strip-teases professionnels, regarde bien, disait-il, et tu comprendras mes intentions. Lui-même sortait de ces séances tout émoustillé. Sagement je le suivis d'un cabaret à l'autre. Je faisais celle que ça ne touchait pas, j'étais en voyage d'études, je prenais des notes. Je pensais à toutes ces femmes qui, au même moment et dans le monde entier, se déshabillaient en public. Combien pouvait-il y en avoir ? A cet instant précis combien ? Plusieurs centaines, des milliers, toutes différentes, celle qui tire sa langue pointue, celle qui écarte les lèvres de son sexe avec ses doigts aux ongles roses, celle qui fait claquer ses élastiques, les fesses tendues — l'art de se retourner à temps, l'art de montrer, sans manière, rendement oblige. Combien de corps déformés pour le regard des autres, mâles ou femelles en vérité, qu'importe, levant la jambe et le chapeau, gros minou maquillé, fausse fourrure pour dissimuler la vraie (pas un poil humain ne dépasse), petites marguerites collées sur le bout des seins, visions bucoliques pour couples fatigués, dans un filet, au-dessus de votre tête on s'enfile et cette façon de sucer en laissant voir, ne pas engouffrer, accélérer, accélérer, bouger la croupe et les filaments roses accrochés autour de la taille, ils fouettent le nez des clients du premier rang ou balayent les vitres de la cabine, deux pièces glissées dans la fente (Katz ne m'épargnait rien), des mouchoirs en papier sont à la disposition de la clientèle, combien ? On complète sa collection d'images, furtivement on les remporte à la maison. Nous étions en pleine répétition et je pensais encore : combien, comme si cela pouvait changer quelque chose. Katz pour la énième fois me demandait de laisser traîner mon bustier par terre avant de l'envoyer en l'air. Je visai exprès le haut de son crâne. « Dans les coulisses, hurla-t-il, pas sur les spectateurs, on ne va pas en acheter un nouveau à chaque contrat. UN tu dégrafes, DEUX tu te baisses et seulement à TROIS tu t'étires, ce n'est pourtant pas la mer à boire ! »

Nous essayâmes tout mais sur moi l'esprit ne descendait pas. Le triangle glissait, je bougeais à contretemps, au moment crucial j'éternuais. En désespoir de cause, Katz reprit l'idée de la bande Velpeau. « Au moins là, dit-il, tu n'auras qu'à te tenir droite et à écarter les bras pour exciter la compassion du public. »

Je protestai. Il me répondit que j'étais libre de m'en aller. « Je ne suis pas un tyran, ajouta-t-il, je suis le Roi de l'Hypnose. Maintenant si tu préfères être caissière ou employée de bureau, je ne t'en voudrai pas. Tu es maître de ton destin, chacun son gâchis... »

J'étais prise au piège, et je n'avais même pas la satisfaction de croire que j'étais retenue contre mon gré.

Je buvais du whisky, dans son verre. C'était amer, je pensais à la Québécoise, je me forçais. Il n'y avait plus d'heure pour commencer. Un soir, je vis une femme qui ressemblait à Perle dans l'immeuble d'en face. Les rideaux de sa chambre n'étaient pas tirés. Un nourrisson dormait dans ses bras. Elle venait de l'allaiter. La lumière s'éteignit. Je compris alors comment sans dommage je pourrais neutraliser la vision de Katz : il suffirait que je tombe enceinte.

C'est ainsi que je me mis à trouer ses préservatifs. Avant de les lui enfiler, je les perçais à toute vitesse à l'aide d'une épingle coincée sur le rebord de la table de nuit, dépassant légèrement à côté du réveil. Katz ne s'aperçut de rien, ni des fuites ni de son regain d'affection au moment de l'ovulation. Curieusement, plus j'avais envie d'avoir un enfant, plus ses baisers me laissaient indifférente. Lorsqu'il me caressait, j'avais l'impression qu'il s'essuyait les mains sur ma peau.

Katz m'aimait par intermittence. Dans la journée, il ne me touchait guère, physiquement s'entend. Souvent il profitait de ma fatigue pour me mettre en état de léthargie. Un de ses collègues l'avait convaincu de présenter une conférence au prochain salon de parapsychologie. Katz voulait parler des influences de l'hypnose sur la mémoire et s'entraînait à mes dépens. Après m'avoir endormie, il m'ordonnait de revenir en arrière. Je devais décrire les gens qui m'entouraient. Je lui fis, paraît-il, la description détaillée d'un homme très séduisant qui ressemblait au demi-frère de mon père. Pourtant, dans mon récit, Paul embrassait ma mère. « Tu as devant toi, suggérait Katz, le livre de ta vie. A l'envers et en suivant mes indications, les pages tournent. Tu as trois ans, ton oncle te soulève dans ses bras, maintenant on fête ton anniversaire, l'anniversaire de tes deux ans. »

Je ne savais pas souffler les bougies et tout le monde se moquait de moi. L'air que je projetais par la bouche me rentrait dans les narines. J'étais assise sur les genoux de ma mère, mon père approchait, j'avais envie de vomir. Je tombais par terre, le film s'arrêtait. Katz me tendait son verre. J'avais deux ans et je buvais du whisky. Il me demandait de continuer. Que dire encore ?

Katz s'était mis en tête de me faire revivre ma naissance, les neuf mois de gestation et la rencontre du sperme et de l'ovule. D'abord je crus qu'il plaisantait, mais non, il se fâcha lorsqu'il vit que je riais. Il m'obligea à lire le témoignage d'une institutrice qui, à la suite d'un traumatisme, s'était souvenue d'une période atroce de son existence prénatale. Un pieu énorme fourrageait la poche qui l'abritait, c'était une aiguille à tricoter, on essayait de l'empaler. Sa mère avait confirmé : elle ne voulait pas de l'enfant. L'institutrice gardait de cette expérience une conscience aiguë de ce qu'elle appelait le monde d'à côté. « La mort est un passage élastique, écrivait-elle, la limite est si fine, ce n'est même pas un mur, plutôt une membrane, après il y a un long couloir, une lumière éblouissante, voilà la mort — à moins qu'il ne s'agisse encore de la vie. »

A ma connaissance, je n'étais toujours pas enceinte.

Katz se plaisait à me raconter ce genre d'histoire, endormie ou éveillée, si bien qu'à la fin tout se mélangeait, mon enfance et celle des autres, j'étais prête à dire n'importe quoi. « Ce que l'imagination a créé, répétait Katz, l'imagination peut le faire oublier. » C'était un des axes de sa conférence, et personne à sa connaissance n'avait encore abordé ce sujet. Il était assez fier de lui. Je sentais peu à peu mon corps se désintégrer. Je souffrais de migraines, j'avais beaucoup maigri et Katz ne se rendait compte de rien : avec rigueur et obstination, il poursuivait ses expériences. Il se lança dans ce qu'il appelait la création de souvenirs (une mine d'or, s'exclamait-il, un métier d'avenir). D'après lui, on pouvait injecter dans la mémoire d'un individu bien disposé n'importe quel événement taillé sur mesure, pourvu qu'il ne soit pas contraire à sa moralité. Ainsi il me fit croire que j'étais allée avec mon oncle en Egypte, alors que je n'y avais jamais mis les pieds, et pourtant peu à peu je me surpris à retrouver les traces de ce voyage. Je me rappelais la foule, les souffleurs de verre, l'odeur du jasmin, ces enfants qui tissaient, sans modèle, nous habitions en face d'une chose ronde qui ressemblait à la Maison de la Radio, il y avait des felouques qui passaient devant, sur le Nil, et des sacs de sable pour protéger les vitrines du musée. Troublée, je regardais Katz, tout cela me paraissait assez flou pour être vrai, aussi vrai, si ce n'est plus, que mes histoires de perruche teinte ou de moulinette à légumes.

Un matin je relus mon journal. J'y découvris des choses

absurdes, incompréhensibles, bien que rédigées de ma propre main. Prise de panique, je ramassais les quelques affaires qui m'appartenaient et voulus m'enfuir. Pedro Santino me rattrapa sur le seuil de la porte. Je criai, espérant que les voisins de l'immeuble moderne viendraient à mon secours. Pas une fenêtre ne s'ouvrit. Pedro se lamentait, tu ne vas pas m'abandonner, je rentre à l'hôpital la semaine prochaine, après je t'aiderai à nous quitter. Je te donnerai de l'argent, j'ai des économies, tu m'avais promis de me rendre visite...

Je lui demandai ce qui n'allait pas, pourquoi l'opérait-on ?

Ça aussi, je l'avais oublié. Pedro me dévisagea en fronçant les sourcils. Il prétendit que je me moquais de lui. Katz nous rejoignit. Il me tira à l'intérieur de la maison. Il me caressait les cheveux. Je t'ai offert un passé, disait-il, il me serait si facile de le reprendre. Tu t'endors, j'efface. Qui est ton père, d'où vient ta mère, comment se sont-ils rencontrés ?

Je restai bouche bée. Un brouillard épais m'empêchait de réfléchir. Katz savait tout, mieux que moi. UN, je voyais des effluves de couleur bleue qui s'échappaient de ses yeux, DEUX, ses pupilles se dilataient, elles devenaient immenses, et à TROIS, je sentais ses doigts s'enfoncer dans mon cerveau, il le malaxait, une bouillie, j'avais tant d'images en moi qu'il fallait recouvrir, quel travail considérable, mais ce n'était pas désagréable de se sentir dévaler vers le rien. « Nous atteignons des zones enfouies de la mémoire, articula Katz, un état archaïque », nous étions au bord d'un précipice lorsque la sonnerie du téléphone retentit. Katz à regret interrompit ses suggestions. Je levai péniblement les paupières. Perle se tenait à la fenêtre d'en face. Son bébé dormait dans ses bras. C'était une petite fille. Elle l'avait nommée Cora, en souvenir d'un de ses premiers modèles.

A la fin de la conversation téléphonique, Katz me secoua. Je tendis la main pour qu'il me passe son verre, mais de verre il n'y eut point, alors je compris que quelque chose était en train de changer.

« Tu vas oublier les expériences, ordonna Katz, nous allons sortir, tout redeviendra comme avant. »

Il me regardait d'un air bizarre, je crois qu'il évaluait l'ampleur des dégâts. Je lui demandai qui avait appelé. « Notre spectacle a été sélectionné par le Comité des discothèques françaises pour participer au concours des meilleures animations de l'année, dit-il, nous sommes cinq groupes en compétition. Le gagnant remporte une tournée dans les boîtes de nuit de la région parisienne, suivie d'une première partie à l'Olympia. La finale se joue au Futurclub, en public, dans quinze jours. »

Katz me serra contre lui. « Nous avons deux semaines, conclut-il, pour remettre notre numéro sur pied. »

Katz me fit teindre les cheveux en blond comme si cela pouvait m'éclaircir les idées, il devait penser aux jumelles platine, mais sur moi la couleur prit de façon différente. Il m'obligea à manger des plats tout préparés qu'il allait acheter chez le charcutier des Sorbiers. Il n'était plus question de strip-tease. Le spectacle se déroulerait en deux temps : une démonstration collective, suivie par un meurtre sous hypnose. Je l'assisterais, seule — Pedro à ce moment-là serait à l'hôpital. Mon personnage changeait, Katz m'imaginait pour l'occasion en costume d'infirmière. Nous reçûmes bientôt le programme de la soirée. Nous passions en quatrième position. Il y avait d'abord l'intervention des transformistes, puis un défilé de mode suivi d'un combat de catch féminin entre Princesse Zénith (la légende noire) et Daisy Cannibale (la terreur des buffles), et, après nous, les tribulations d'un ventriloque qui répondait au nom de Bubus, spécialiste tout terrain, lisait-on, des transports collectifs. Celui-là serait éliminé d'office, d'après Katz, un ringard de première, il ne resterait pas cinq minutes sur le plateau.

« Je vais les embobiner en beauté », disait-il encore la veille du concours mais le jour venu il fut pris d'un trac énorme qui ne céda qu'au troisième verre de whisky. Je n'étais pas en meilleur état que lui. Depuis plus d'un an je n'avais pas remis les pieds à Sagny. Katz insista pour passer par le centre, il voulait réserver une suite à l'Hôtel des Voyageurs, comme si dans ce genre d'établissement il y avait des suites, je frissonnais à l'idée de me retrouver en face de chez mes parents. J'entrai dans la ville la tête couverte, à l'arrière de la voiture, prête à m'aplatir devant le siège si j'apercevais de loin quelqu'un susceptible de me reconnaître. Par bonheur personne ne me vit. L'affichage était très bien fait et le journal local couvrait largement l'événement. Il y avait un gros plan de Katz en première page. Dans les couloirs du Futurclub nous croisâmes d'autres artistes. L'ambiance était tendue bien que chacun lançât à tout bout de champ qu'il ne s'agissait là que d'un jeu, l'important étant de se rencontrer, entre gens de la profession. Je reconnus l'un des videurs. La soirée était patronnée par une marque d'apéritif, il y avait des publicités partout, sur les sculptures, le long de la passerelle, et des bouteilles ouvertes à chaque coin de table. Les moteurs dans leurs inclusions n'avaient pas bougé. J'avais envie de dormir.

L'arrivée en force des catcheuses, escortées de leurs supporters, me tira de ma léthargie. Princesse Zénith n'avait pas l'air décidée à nous laisser gagner. Katz essaya de l'amadouer en lui faisant le tour où il tordait une pièce de cinq francs mais la Princesse le renversa sur la piste et sa partenaire, Daisy Cannibale, se mit à le chatouiller. Katz se dégagea brusquement. Quelques pièces truquées roulèrent autour de lui. Les supporters se les arrachèrent dans l'hilarité générale. Princesse Zénith s'éloigna en se frottant les mains.

Katz avait déjà beaucoup bu lorsqu'on annonça le spectacle des transformistes. Je restai avec lui dans les coulisses pendant les trois premiers numéros. Il était furieux, et malgré tous mes efforts je ne réussis pas à le calmer. Enfin ce fut à nous de jouer. « Et maintenant, dit l'animateur, je vous présente un homme venu d'ailleurs, pour la deuxième fois au Futurclub, j'ai nommé : Katz, le Roi de l'Hypnose. »

La lumière noire se mit à clignoter. Je suivis Katz et allai me poster comme prévu, aiguilles en main, à l'avant-scène. Je devais de mon regard le plus transparent effectuer un tour de piste. Mes yeux glissèrent sur la foule, chacun se sentit regardé, en personne, chacun et surtout ces gens qui brusquement se levèrent, ils étaient assis dans un coin sombre, je reconnus mon oncle à sa façon de marcher, Paul se cognait contre les tables, bousculait tout le monde, on protestait, Léo le poussait en avant et tante Josette, armée d'un parapluie, assurait la sécurité du couple. Elle se planta devant le Roi de l'Hypnose. Comme il bafouillait, coupé dans son élan, Josy cria : « C'est bon, je le tiens. » Les organisateurs stupéfaits ne bougeaient pas. Katz se défendit. Deux hommes que je ne connaissais pas le saisirent par-derrière et l'entraînèrent vers les coulisses. Paul se jeta sur moi. Il s'accrochait à ma blouse blanche comme à une bouée de sauvetage. Une toile qui avait une odeur de pourri s'abattit sur ma tête. La lucarne brusquement se referma. Je me sentis soulevée de terre. Le public riait, il croyait probablement que cette prise d'otage faisait partie du spectacle. J'entendis les voix des catcheuses. On me déposa dans une voiture. Lorsque enfin on retira ce sac qui recouvrait mon crâne, Princesse Zénith, la légende noire, empochait une liasse de billets.

XIX

J'habitais chez Léo. Il m'avait préparé un lit sur le canapé du salon mais je préférais dormir avec lui. Depuis l'enlèvement, je vivais dans la peur d'être reprise par Katz, le besoin de Katz, l'envie d'entendre cette voix qui me disait : « Fais ça » — et je le faisais, les mots tenant lieu d'existence, sa volonté d'unique raison. Je me laissais inventer, sans résistance, tordre, manipuler, quelle importance ? J'avais perdu foi en la réalité des choses. La frontière était mince, si mince entre un côté, et l'autre. Funambule j'avançais, les bras déployés, je voyais Pedro Santino chercher une pelle, il creusait un trou profond derrière le garage, une tombe, était-ce vraiment pour enterrer son vélo ? Tout se mélangeait, faux souvenirs et vraies promesses, récits de voyages, projets avortés et autres inventions nonchalantes que Katz se plaisait à m'inoculer sous hypnose. Je nageais en pleine confusion. Seule Perle, au fil des jours, avait gagné en cohérence. Elle vivait ailleurs, dans un monde qui ignorait les contradictions, un grand miroir flottant, fragile certes, mais insubmersible.

Nuit après nuit, le corps de Léo serré contre le mien, je regagnai confiance. Il me massait souvent. Ses mains étaient souples et vigoureuses. Les ordres de Katz se firent de plus en plus mous, jusqu'à se dissoudre dans la masse des sons quotidiens.

Mes proches prirent le relais, ils me pressèrent de questions. Comment as-tu pu me quitter, demandait Paul, me laisser un an et demi sans nouvelles ? Il n'en revenait pas. Comment toi, une fille si indépendante, disait Léo, pour lui aussi c'était un mystère — et mes parents de renchérir, mon regard avait changé, affirmaient-ils, j'étais plus douce qu'avant, presque docile. Ils auraient dû s'en réjouir, mais non : ils étaient persuadés que je me droguais, ou plutôt que j'avais été droguée. Maintenant que le danger s'éloignait, ils voulaient m'aider, as-tu besoin d'argent, tu devrais aller à la piscine pour te changer les idées ou travailler à mi-temps chez Crinoline. Mon père marchait sur des œufs. « Il ne faut pas te sentir obligée mais ta chambre est prête, avança-t-il un dimanche. Nous l'avons repeinte en blanc cassé, à part ça tout est pareil ! »

Proposition terrifiante, je secouai gentiment la tête.

« Je t'assure, rien n'a bougé », répéta-t-il en fronçant les sourcils.

Il me faisait de la peine, comment lui expliquer ? Rien n'avait bougé, je voulais bien le croire, ni la cuisson du rôti de veau ni sa garniture de petits légumes. Sagny, ville morne, il pleut toujours autant, la sauce aurore stagne au fond de son pot, l'herbe pousse vite autour de l'église mais on tond, on tond aussi souvent que nécessaire. Mon père se tortille, la coquille se brise, un peu de blanc gluant pénètre entre ses doigts de pied, quelle tristesse de le voir baisser les yeux devant moi, se cacher derrière sa serviette de table. Il essuie son couteau sur le rebord de la planche et se ressert de fromage. Le brie coule, le roquefort s'émiette, il n'y a plus de pain dans la corbeille et mon père va se lever pour aller en couper, n'importe quoi plutôt que d'écouter ce que j'ai à lui dire. Je pose ma main sur son bras afin de le retenir et il reste là, à demi assis, le cou tordu, prêt à s'échapper dès que la pression de mes doigts se relâcherait. J'essayai de le réconforter, il ne me devait aucune réparation, je portais l'entière responsabilité de mes actes, mais l'ampleur de sa culpabilité me rendait impuissante à le convaincre. Il me repoussa d'un coup de coude maladroit. Ma paume glissa sur la manche de sa chemise en tergal. Le tissu s'enroula, ça coinçait des deux côtés, épaule et poignet, il transpirait, je me mis à compter. Mon père en attrapant la corbeille renversa son verre. Tache violacée sur napperon clair, on vide la salière, « les sets de table en plastique c'est tout de même plus commode, dit-il, un coup d'éponge... »

Je soupirai. Comment aurais-je pu lui en vouloir d'être ce qu'il était ? Je repensai au Paul d'avant l'accident, sa photo cachée dans le portefeuille de ma mère — et cette dernière, inlassable, d'aligner les phrases creuses en tripotant ses cheveux secs, elle se cramponnait à l'idée de m'offrir un cadeau. Elle aussi avait besoin de donner pour s'innocenter, comme on livre un complice à la justice, mais s'innocenter de quoi ? Un sac à main, minaudait-elle, une cocotte-minute, réfléchis bien : des chaussures, un peignoir, une trousse de maquillage ? Cette énumération d'objets était accablante, j'avais la tête qui tournait — et je ne me sentais pas le courage de lui demander la seule chose qui vraiment aurait pu me faire plaisir : qu'elle se taise.

Tante Josette contre toute attente n'émit aucun diagnostic à mon sujet. Nous nous entendions plutôt mieux qu'avant. Elle était soulagée de me savoir entre de bonnes mains, dans un endroit où personne ne pourrait me retrouver, assez loin de Paul pour ne pas perturber son couple. Lorsque Katz écrivit à mes parents, leur réclamant de l'argent, c'est elle qui conseilla à ma mère de ne pas me montrer la lettre. Le Roi de l'Hypnose avait perdu le concours du Futurclub. Il évoquait mon départ en terme de blessure financière. Il parlait du prochain spectacle, des répétitions qu'il faudrait bientôt reprendre, d'attachement professionnel — et encore de manque à gagner. La date de la conférence approchait, il avait besoin de quelqu'un pour étayer sa démonstration. Il me donnait encore une semaine et ce délai écoulé, assurait-il, trouverait bien une assistante fiable et sans famille qui serait ravie de me remplacer.

Grâce à tante Josy, donc, je ne lus ce consternant message que plusieurs mois après sa rédaction. Il est possible que mes parents aient cédé au chantage. Combien avaient-ils envoyé à Katz ? Peu importait. Ils avaient tellement envie de me racheter, cela les aura soulagés.

Léo promit qu'il ne savait rien à ce propos. C'est lui qui avait organisé le commando du Futurclub. Tout avait commencé par une photo de Katz publiée dans le bulletin municipal. Le numéro d'hypnose et le combat de catch féminin, Princesse Zénith en tête, étaient décrits comme des événements à ne manquer sous aucun prétexte. Léo me reconnut en arrière-plan, le visage transpercé par une longue aiguille. Il se souvint de Paul. En interrogeant le personnel du centre de la Croix-Rouge, il retrouva facilement sa piste et celle de l'orthophoniste.

Léo n'avait rien oublié, ni notre rencontre sur la nationale ni la façon dont je l'avais évité après notre première nuit ensemble. « Et ces quintes de toux qui n'en finissaient pas, disait-il, j'avais envie de t'arracher le mouchoir des mains et de t'embrasser. »

Léo me rapportait des discussions que nous avions eues dans le préau du lycée, je le regardais avec des yeux ronds, j'essayais de me concentrer sur la scène, j'imaginais les barres asymétriques, le cheval-d'arçons, les vestiaires, mais de nos conversations nulle réminiscence, pas une phrase, rien. Dès qu'il avait le dos tourné, je notais les paroles de Léo. Je fis la même chose avec Paul, puis, non sans appréhension, avec mes parents. Lorsque je leur posais des questions, ils s'approchaient de moi, me reniflaient, comme un chien policier à la recherche d'un enfant perdu. Enfin j'allais traîner à la boutique pour recueillir les témoignages des clientes. Elles me parlaient à la troisième personne « Mais voilà notre Cora, s'exclamaient-elles, dire que la dernière fois que je l'ai vue... »

C'était étrange de s'entendre racontée, comme si j'étais morte. Que restait-il de moi ? Un visage triangulaire, quelques mots d'enfant, toujours les mêmes anecdotes. L'épisode de la fugue en Belgique avait marqué les esprits. A les écouter, je ne ressemblais ni à ma mère ni à mon père. Pas méchante, non, plutôt serviable même, mais trop absorbée pour mon âge, lointaine, intimidante. Préférer classer des boutons, l'été, plutôt que d'aller à la plage, quelle drôle de gamine je faisais ! Mon ancien professeur de français se rappelait encore mes dissertations. Comment noter cela ? Mes démonstrations répondaient à une logique qui lui échappait.

A petits points, soigneusement, je reprisai ma mémoire. Ainsi mon passé — le passé que les autres me connaissaient — se recomposa.

J'aimais écrire en cachette. Pendant que Léo travaillait, alors qu'en short blanc il trottinait dans un gymnase, je tirais les rideaux de la chambre et sortais mes carnets. Singulière tentation que de s'enfermer dans une pièce obscure lorsqu'on vient d'être libérée ! J'avais décidé de commencer mon récit à la découverte du traité d'hypnose. Je retrouvais des sensations anciennes, cette impression d'être lue par les mots, ligne après ligne, guidée par le blanc des marges. Le livre m'observait. La maison louée se dressait devant moi, imposante d'ennui, mes parents m'appelaient pour jouer aux dominos. Lorsque Léo sonnait à la porte, je faisais semblant de dormir. Il s'inquiétait.

Paul fut le premier à apprendre ce que cachaient ces longues périodes de léthargie. Lorsque je lui exposai mon projet, il m'offrit dix crayons noirs et une ramette de feuilles blanches. L'idée que mon histoire était contenue dans ces mines de plomb, ou inscrite à l'intérieur du papier, qu'il me suffisait de la révéler, me donna du courage. Une gomme, des ciseaux et de la colle vinrent compléter cet attirail, alors Léo fut mis au courant : je n'étais pas malade, j'écrivais. Il débarrassa la table de la cuisine afin que je puisse m'isoler quand bon me semblerait. Nous mangerions dans le salon, non, ça ne l'embêtait pas le moins du monde. Léo était facile à vivre. Je me sentais bien avec lui.

Dès lors, je m'assis chaque matin entre le réfrigérateur et la machine à laver dans la seule perspective d'user mes crayons. Au début, j'avais tendance à tout noircir. Je froissais beaucoup. Puis les phrases se firent plus fluides, une idée entraînant l'autre, je voyageais loin de Sagny et de ses rues tranquilles. Je n'avais pas la prétention d'écrire un livre : il me semblait répondre à M. A. Pearl, simplement, je lui adressais une longue, très longue lettre de remerciement.

Peu à peu je reprenais mon souffle. Que ferais-je plus tard ? Des études, un voyage, des enfants ? Perle préparait une grande exposition qui regroupait son travail sur les plaques de plomb et des peintures plus anciennes. La rétrospective aurait lieu au château des Marmouzets, en lisière du bois Notre-Dame. Perle n'avait pas revu ses premières toiles depuis longtemps, celles où Cora posait, fillette nue perchée sur un escalier en spirale, et celles de ses personnages à la peau transparente.

Je restais de plus en plus souvent enfermée dans la cuisine. Sur les carreaux de faïence se dessinèrent encore d'autres tableaux. Léo ne voulait pas me déranger, même aux heures des repas, finalement il s'acheta un petit réchaud qu'il installa près de la fenêtre du salon. Mon oncle s'inquiéta à son tour. Lui qui le premier m'avait encouragée sur cette voie se mit en tête de me trouver un travail — comme si le fait d'écrire ne suffisait pas. Je le voyais faire très exactement ce que pour lui j'avais tenté, quelques années plus tôt, le sortir de sa claustration, et comme lui hier je résistais. Une fois encore les rôles s'étaient inversés.

Un jour, il me téléphona en m'assurant qu'il avait enfin déniché une proposition à ma mesure. Une agence de communication dont il n'arrivait pas à lire le nom (il se situait sur la gauche de l'annonce) cherchait une standardiste. Il m'avait découpé la page afin que je prenne connaissance de la globalité du texte. Je devais lui promettre de poser ma candidature.

Je promis, bien décidée à ne pas me laisser engager, et retournai à ma table.

Le lendemain comme prévu je reçus l'offre d'emploi sélectionnée par mon oncle. Ce que je découvris m'enchanta. Cher Paul, s'il avait su ! L'agence en question répondait au nom de Lolita, et s'occupait de communications très particulières. Le numéro de téléphone correspondait à une localité des environs de Sagny. Par curiosité plus que pour effectivement prêter mon imagination aux dérives érotiques de ces messieurs de la région, je pris rendez-vous avec la personne chargée de choisir la future hôtesse. Lorsque Paul comprit son erreur, il fit l'impossible pour me dissuader d'y aller — mais l'impossible face au possible ne pesait pas bien lourd : la balance pencha du côté du plein et, retrouvant mon humeur badine, je me présentai sans retard à l'endroit convenu.

Un homme nerveux au col ouvert m'invita à entrer dans son bureau. Une fine cravate en cuir noir dépassait de sa poche. Au bout de sa chaîne en or ne pendait rien. Les locaux étaient surchauffés.

« Je suis le responsable, annonça-t-il d'une traite, Lolita est soutenue par un groupe de presse important dont je préfère taire le nom, les gens qui s'adressent à nous cherchent un contact personnalisé, notre équipe met tout en œuvre pour les satisfaire, alors autant vous prévenir : ici, c'est du sérieux. »

Je ne pus m'empêcher de sourire. Il ne m'avait même pas proposé une chaise. Au fond de la pièce s'ouvraient quatre portes de verre épais derrière lesquelles étaient installées des cabines insonorisées. A chaque poignée se balançait un écriteau où figurait un prénom, de gauche à droite Jennifer, Pénélope, Linda et Rose, les trois premiers étant incarnés par des filles dont je ne distinguais que les silhouettes assises. La dénommée Linda était enceinte, elle avait de la peine à tenir dans l'espace exigu et se tournait souvent en tirant sur le fil du combiné comme on ramène le drap à soi, la nuit, et que l'autre prend toute la place.

Le quatrième cagibi, celui de Rose, était vacant.

« Les habitués doivent pouvoir appeler et retrouver — si ce n'est la même fille — du moins la même atmosphère, m'expliqua le responsable, c'est pourquoi nous utilisons toujours ces pseudonymes. »

Il pointa son index au-dessus de lui. Un calicot grenat annonçait en lettres d'or la devise de l'agence : « Chez Lolita, les goûts et les couleurs, ça ne se discute pas. »

« Malgré son caractère expérimental — et le peu de moyens dont nous disposons —, reprit-il, l'entreprise est en pleine expansion. La maison mère attend le bilan des prochains mois pour s'implanter massivement sur le marché des entretiens spécialisés. Alors vous ne serez plus huit à vous relayer, ni seize, mais quarante, cinquante employées, et autant de répondeurs téléphoniques pour satisfaire les demandes du département. Vous saisissez l'enjeu : nous désirons une fille très disponible, prête à se mettre en quatre pour obtenir les résultats escomptés. La croissance de Lolita, mon avenir, le vôtre, mademoiselle, dépendra du chiffre d'affaires des semaines qui suivront votre embauche. Un bon coup de collier et hop ! A nous deux richesse et sécurité. »

A nous deux qui, et pourquoi cherchait-il à me convaincre ? Il parla encore de conjoncture, d'innovations et de concurrence. D'une oreille distraite je l'écoutai se gargariser. J'avais envie de le planter là, sous son calicot trop tendu, comme écartelé. Les carreaux blancs de Perle m'attendaient à la cuisine, chez Léo. Enfin il m'expliqua le fonctionnement de l'agence.

« Nous travaillons principalement sur abonnements, commença-t-il, dans le secteur les habitants ne sont pas prêts à échanger des messages télématiques. Ils veulent du solide. Lolita est obligée de se plier aux mentalités locales, et elle se plie, croyez-moi, tel est le secret de sa réussite, elle se plie ! »

Une des portes s'entrouvrit. Le responsable se retourna en soupirant. Les cabines étaient équipées d'un appareil mural rouge pompier et d'une tablette amovible qui me rappela celles des couloirs du centre de réadaptation. La Jennifer de service éloigna le combiné de son visage et, sortant la tête de sa coquille insonorisée, éternua bruyamment. Elle la rentra tout aussi vite, comme si elle redoutait qu'on la lui coupât.

« Nos clients recherchent de véritables liaisons. Téléphoniques certes, mais des liaisons tout de même — sans autre engagement, comprenez-moi bien, nos employées ont interdiction absolue de donner leurs coordonnées personnelles aux utilisateurs du réseau. Nous ne sommes pas une agence matrimoniale, que cela soit clair, encore moins une maison de passe déguisée. Racontez-moi quelque chose, pour voir ? »

Après ce déluge de mots, je ne pouvais que rester muette. Le silence se referma sur nous. L'homme tira sa cravate de sa poche et l'enroula autour de sa main. Il vint se placer devant moi. « Eh bien, mon petit, lança-t-il, on s'est trompé d'adresse à ce qu'il me semble ! Je parie que vous n'avez jamais travaillé dans le secteur, et qu'est-ce qu'elle disait, l'annonce, vous savez lire au moins ? »

Il saisit le journal et l'agita devant mes yeux. Je ne reculai pas.

« *Expériences professionnelles*, c'est écrit en toutes lettres, et au pluriel avec ça. Alors j'attends, quelles sont vos expériences ? »

Son arrogance me redonna du courage. Je lui répondis que je n'étais pas son petit et que j'avais tourné pendant un an et demi dans les plus prestigieux cabarets de la capitale, en province également, Lyon, Marseille, la Côte d'Azur, sans hésiter j'énumérai les noms d'une dizaine de discothèques où nous avions joué avec Katz. Il ne me laissa pas terminer. « Et qu'est-ce que vous y faisiez, dans ces boîtes, le vestiaire ? » lança-t-il en regardant sa montre.

« Strip-tease, lâchai-je, effeuillage traditionnel, à deux, à trois, saphisme, combats exotiques, enfin la routine. Ma mère était dans le métier, j'ai commencé très jeune. Ces choses-là, ça ne s'apprend pas, c'est comme les maladies : ça se transmet. »

Je me dirigeai vers la sortie. Il me retint par la manche

et cette fois m'offrit un fauteuil. Je commençais à l'intéresser. « C'est qu'elle a du tempérament », commenta-t-il en allant chercher dans la cabine vide un fichier. Il en profita pour refermer la porte de Jennifer. Ses gazouillements humides s'enfoncèrent dans le brouillard des autres voix.

« Chaque désir est répertorié de façon rationnelle, m'expliqua-t-il, les règles du jeu sont affichées près du récepteur. Le client a le choix entre sept familles : Exhibitionnisme, Voyeurisme, Inceste, Sodomie, Sadomasochisme, Zoophilie et une rubrique Fourre-Tout qui s'enrichit à mesure que les demandes nous parviennent. La maison mère tient beaucoup au caractère évolutif de notre fichier. »

J'acquiesçai. « L'homme qui possède plusieurs femmes à la fois reste premier au palmarès des fantasmes », ajouta-t-il en me tendant les sept fiches principales. Je jetai un coup d'œil à la dernière. Elle se divisait en plusieurs branches, rehaussées par des petits dessins qui m'ouvrirent de nouveaux horizons en matière de sexualité masculine.

« Se déshabiller, c'est bien, déclara le responsable, mais avouez qu'au téléphone ça passe mal. Allez-y, mademoiselle, je ferme les yeux, tirez un sujet au hasard, je vous suis tout ouïe. »

Je tombai sur Zoophilie. L'image de Bib apparut, puis celle de Chouquette et de la concierge du Kremlin-Bicêtre, rien de bien exaltant en vérité, aussi commençai-je mon histoire de façon assez vague, le temps de dénicher une famille qui conviendrait mieux à ma forme d'esprit. Le directeur ne bougeait pas. A la rubrique Romantisme, classée dans le Fourre-Tout entre Routiers et Rollmops, je crus pouvoir trouver l'inspiration. En utilisant au plus près la liste des termes suggérés, j'imaginai la rencontre d'un gardien de phare irlandais et d'une ravissante infirmière. Je pensai à Katz, à sa façon de parler, régulière, envoûtante, j'entendais la musique qui accompagnait son entrée en piste. L'Irlandais s'enflammait, la lumière ne s'allumait pas au bon moment, les bateaux s'écrasaient contre les rochers. Les prémices n'en finissaient pas, il fallait pourtant conclure mais je n'arrivais pas à lier corps et mots. L'infirmière rougissante acceptait finalement de monter dans la tour. Une volée de marches, elle les compta, vingt et une, premier palier, une deuxième, le gardien de phare l'attendait, comment dire ?

« Une troisième, articulai-je en désespoir de cause, ils s'embrassèrent, QUATRE sa robe glissa et quand fut prononcé le chiffre CINQ ils roulèrent tous les deux au sol et s'endormirent, possédés par une force qui les dépassait. »

La tête du responsable tomba sur le côté. Je crois qu'il s'était assoupi déjà depuis un moment, sa respiration avait changé, sa cravate traînait sur ses genoux. Les muscles de son visage tressaillirent : il rêvait. Je continuai à compter. Lorsque je m'arrêtai, après le chiffre HUIT, il se réveilla en sursaut et s'écria : « Grandiose ! » comme s'il avait atteint grâce à moi le paroxysme du plaisir.

J'étais engagée.

Je prendrais mon service dès vingt heures, jusqu'à minuit, c'était le moment où les appels se bousculaient. Pendant un ou deux jours, j'écouterais mes collègues, il me faisait confiance pour perfectionner ma technique sur le tas. Mon contrat serait établi avant la fin du mois si la semaine d'essai était concluante. Je remplis un questionnaire et le responsable marqua ROSE, en haut à gauche. Il me prit par la main et m'emmena derrière les cabines. Il fallait que je rencontre Puech. Lorsqu'il me présenta, je compris que Rose, c'était moi.

Je sus dès le premier regard que Puech, le standardiste de Lolita, serait mon allié. Il était assis sur deux annuaires fixés à une chaise, dominant ainsi le royaume des boutons et des fiches. Avec dextérité il menait son petit monde, « Lolita pour votre plaisir », modulait-il en lissant sa chevelure argentée, « Lolita, j'écoute, veuillez patienter ». Le responsable ne l'aimait pas, il aurait préféré engager une jeune femme, mais la maison mère l'avait imposé. Puech s'occupait du règlement financier des entretiens et de leur répartition entre les différentes hôtesses. Il connaissait ses filles, comme il nous appelait, et savait distinguer au ton du client celle qui répondrait le mieux à ses caprices.

Au début, Puech me choisit des consommateurs faciles — « par courtoisie », me dit-il le lendemain de mon arrivée. Il m'expliqua que certains clients mélangeaient tout, érotisme et anatomie, flatterie et sensualité. Je sentis que ce sujet lui tenait à cœur. « Si au moins ils avaient de l'imagination — il s'enflammait — on leur pardonnerait. Mais non, ils sont plats et épais, de la polenta sans sel, je t'assure ! Leur impuissance elle se pose là, dans le ciboulot. »

Puech se tapait le front avec la paume de sa main.

« Là-haut, c'est mou, imperméable à la métaphore, alors évidemment ça fermente : ils deviennent grossiers. Je ne dis pas audacieux, voilà qui nous changerait les idées. Grossiers. Ces gens-là ne connaissent rien aux miracles de l'échancrure. »

Pénélope déposa un papier brun près du standard. Elle me considéra avec étonnement et sortit sans prononcer une phrase.

« Ah, l'échancrure ! Passer le doigt entre la peau et le tissu, appuyer un peu... Echapper à l'apparence, un instant, oublier son enveloppe charnelle ; être touché par une voix, transporté dans un univers où la moindre inflexion se transforme en caresse, existe-t-il chose plus voluptueuse ? »

Puech souriait d'un air triste. La semaine d'essai écoulée, l'homme à la cravate traînante se déclara satisfait de mes prestations. Les appels que je recevais duraient plus longtemps que la moyenne, et comme les communications étaient facturées à la minute, sans tarif dégressif, il se frottait les mains. Dieu sait pourquoi, les abonnés qui étaient tombés sur moi me redemandaient. Mes improvisations n'étaient pourtant pas meilleures que celles de Jennifer ou de Linda, je séchais souvent, surtout au moment de passer à l'acte. Lorsque j'avais utilisé tous les mots de la liste, je me taisais. Mes soupirants se cramponnaient. « Et vous, mademoiselle, avançaient-ils sur un ton affable, parlez-moi un peu de vous... »

Je leur disais que j'étais nue et qu'ils ne pouvaient pas me toucher. Même en imagination.

Je leur interdisais d'embrasser mes joues, ma poitrine, mon ventre, j'écartais les genoux mais ils étaient obligés de fermer les yeux.

Et s'ils n'étaient pas contents, ils n'avaient qu'à raccrocher.

Oh ! comme ils m'en voulaient, les mignons, comme ils

s'excitaient. Certains relevaient le défi, mais si, affirmaient-ils, je te caresse, tu vas voir ça, ma jolie, on va bien s'amuser tous les deux. La plupart préféraient me supplier. Lorsque je les sentais prêts à s'abandonner, je mettais en pratique ce que M. A. Pearl, puis Katz, m'avaient enseigné. En comptant, je guidais leurs gestes. Dès le chiffre SEPT le rythme s'accélérait. Lorsqu'ils me laissaient, le souffle court, cachant mal leur émotion, c'était comme à regret.

« Rose vous embrasse, murmurais-je alors, et vous souhaite une bonne nuit. »

Je crois que c'est à cause de cette phrase-là qu'ils rappelaient le lendemain, cette petite tendresse en bout de piste. Rose vous embrasse, faites de beaux rêves, et puis plus rien.

Le responsable en personne me téléphonait de son domicile les jours de congé. Ma voix lui manquait. Elle l'aidait à s'endormir. « Bientôt nous créerons une ligne pour les insomniaques, lança-t-il un soir, la première du genre, et nous te placerons à la tête de l'agence. On l'appellera Allô-Dodo. »

Je crus d'abord qu'il plaisantait, mais non, deux heures plus tard, alors que j'allais quitter mon service, il revint à la charge. « Allô-Dodo, disait-il, c'est porteur comme nom. Ça sonne bien, c'est facile à retenir. Tu t'occuperas de tout, formation, recrutement, je te donnerai Puech, vous formerez un sacré tandem tous les deux. »

Il parlait vite, je l'entendais qui tripotait sa chaîne. Il voulait que je lui révèle le secret de mon magnétisme. « Tu leur passes des messages subliminaux, chuchota-t-il enfin, tu peux me l'avouer, à moi, je ne le répéterai à personne. »

Je ne répondis pas. Il était tard. Léo allait s'inquiéter. Le responsable insista, agitant sa carotte. « Tu serais heureuse, roucoulait-il, à la tête d'Allô-Dodo ? »

Je lui raccrochai au nez. Pour se venger, il m'obligea dès le lendemain à travailler la porte ouverte, « et toute grande, je vous prie » — devant les autres filles le responsable me vouvoyait. Il essayait de m'impressionner en me regardant droit dans les yeux. Je concentrais mes efforts sur la base de son nez, puis je remontais doucement entre ses sourcils. Il bâillait, une expression de ravissement se dessinait sur son visage. Mon salaire doubla en trois mois. C'était un bon sujet, même si je n'aimais pas ses façons.

Pour la première fois depuis l'enlèvement, Léo tomba malade. Il ne supportait pas que je passe toutes mes soirées loin de lui. Il appuyait son front contre la fenêtre et attendait comme ça, sans rien dire. Ce geste me bouleversait. Lorsque je l'appelais, il murmurait « j'arrive, j'arrive », d'un ton gentil. Je me jetais dans ses bras, mais le souvenir de Pénélope, Linda ou Jennifer venait perturber cet élan de tendresse. Le pot-pourri des mots suggérés dans le fichier se déversait entre nos deux corps — lèvres, cou, sein, chatte, langue —, alors j'étais obligée d'abandonner Léo, une fois de plus, pour aller les déposer sur une feuille vierge, qu'ils restent là-bas, à la cuisine, écrasés sous le paquet de sucre en morceaux. Lorsque je revenais dans le salon, je retrouvais Léo près de la fenêtre, et tout était à recommencer. Lolita occupait trop de place : je décidai de démissionner.

Lorsque je parlai à mon oncle de ma résolution, il me félicita — et Léo en vingt-quatre heures fut rétabli. Seul le responsable de l'agence se mit en colère. « Vous n'avez pas le droit de partir, après tout ce que nous avons investi sur vous — il trépignait — ce serait trop facile... »

Le ton montait. « Nous avons signé un contrat, vous vous êtes engagée vis-à-vis de Lolita, c'est clair : vous nous devez encore trois mois. Je vous préviens, si vous insistez, ce sera tribunal et compagnie. Je le dirai à la maison mère, ils sauront s'occuper de votre jolie frimousse... »

Le téléphone de Rose sonnait. « C'est ça, mon grand, va le dire à maman », laissai-je échapper en allant prendre la communication. Trois mois. J'entendis un cri de douleur. Le responsable s'était planté une punaise dans la main en tapant du poing sur la table.

Trois mois, encore trois mois dans cette cabine où on avait à peine la place d'écarter les coudes. Puech essaya de me convaincre à son tour. « Il faut comprendre le patron, disait-il, on fait la queue pour parler à Rose, et toi tu veux nous laisser tomber... »

Bravement, alourdie par ce départ différé, je me remis au travail. Je recueillais les confessions, j'en rajoutais, les images s'empilaient : les mouchoirs sales de Jennifer, le ventre de Linda, les gants de Katz, les champs de colza, l'empreinte de pneu creusée dans la terre, à Chevilly-Larue, les fils électriques grésillant par temps humide, les os des missionnaires et, de l'autre côté de la route, les montagnes de fleurs et de têtes de veau, je sentais que j'allais retomber, la spirale m'entraînait à nouveau dans son tourbillon, il me fallait m'enfuir, une fois encore partir sans laisser d'adresse, ou trouver une façon moins contraignante d'exercer mon nouveau métier. La première solution me tentait, mais je choisis la deuxième, à cause de Léo.

Le responsable entreprit de m'apprivoiser. « J'ai toujours cultivé d'excellents rapports avec mes hôtesses », répétait-il chaque fois qu'il me voyait, comme si cela pouvait lui servir de bouclier. Il essaya tout, chantage, promesses, il poussa l'hypocrisie jusqu'à me présenter des excuses. Il revint à la charge avec son histoire de message subliminal. Jennifer était de son avis. « Un succès pareil, disait-elle, avec ses airs de sainte nitouche, ça cache quelque chose. » Retranché derrière son bureau, le responsable espionnait mes conversations. Comme autrefois dans les couloirs de l'hôtel, les filles se mirent à me regarder d'une drôle de manière. Seule Linda resta étrangère au complot, trop préoccupée, sans doute, par sa grossesse — mais Linda perdit les eaux entre deux appels, un mois avant terme, et son frère l'emmena d'urgence à l'hôpital. « Rose vous embrasse, murmurais-je pour la dixième fois de la soirée, et vous souhaite une bonne nuit. » Je commençais à désespérer lorsque le souvenir du licenciement de l'orthophoniste me revint en mémoire. Josy avait été renvoyée du centre de la Croix-Rouge, sans préavis, pour faute professionnelle grave. Du jour au lendemain, libérée de ses fonctions.

Comment n'y avais-je pas pensé plus tôt ? Voilà la solution. Au lieu de satisfaire mon public, j'allais m'employer à le décevoir. Mieux encore : j'allais l'ignorer. A la place du fichier, je poserais mes brouillons et, profitant du temps qu'il me restait à travailler chez Lolita, je commencerais à les corriger. Mes clients désiraient entendre le son d'une voix féminine ? Je leur ferais la lecture, et s'ils n'étaient pas contents, la fois suivante, ils demanderaient Linda (la nouvelle, une grande brune aux yeux las qui portait des collants mousse), Pénélope ou Jennifer.

La plupart des admirateurs de Rose, comme prévu, se plaignirent de ce changement d'orientation. Ils me laissaient parler, une minute, deux minutes, avant de m'interrompre. Je ne répondais pas à leurs questions. Ils raccrochaient. Seuls les plus fidèles ne bronchèrent pas. Dormaient-ils, ou s'intéressaient-ils vraiment à mes histoires de perruche et de livre volé ? Le responsable supporta mes extravagances, comme il les appelait, une semaine entière avant d'exploser. « Vous ne semblez pas mesurer les implications commerciales de votre attitude, gronda-t-il, Rose ne vous appartient pas, vous n'avez pas le droit de détruire son image. »

Contre toute attente, il ne me renvoya pas. L'épreuve de force était engagée. Le responsable ne voulait pas s'avouer vaincu. Puech fut sommé de ne plus me passer un seul abonné. J'étais rétrogradée à la catégorie des consommateurs occasionnels. Mon salaire dégringola. C'est ainsi que je tombai sur Gabriel Tournon.

Je n'appris son nom qu'à la fin de notre entretien. « Tournon, dit-il, comme la ville. Je rentre demain à Paris, j'attends sans faute votre coup de fil. »

Au début il se défendit, il venait à Sagny enterrer son beau-père, il était descendu à l'Hôtel des Voyageurs et se sentait tellement mal qu'il avait composé ce numéro. Je lui laissai présenter ses petits mots d'excuse, comme s'il avait besoin de se justifier devant moi, et commençai à lire. Il s'agissait du passage où je décrivais la maladie de mon oncle. Gabriel Tournon m'écouta attentivement. Parfois il me faisait répéter un paragraphe. Je l'imaginais dans sa chambre d'hôtel, en face de chez mes parents, allongé sur le couvre-lit à fleurettes. Avait-il fermé les volets ? J'aimais bien la façon dont il me parlait. Pour la première fois depuis que j'écrivais, j'avais l'impression que le texte était capable d'exister sans moi.

Une demi-heure plus tard, Gabriel Tournon était encore là. Le responsable, espérant que j'étais revenue à de meilleures dispositions, demanda à Puech de lui passer la ligne. Mon interlocuteur me félicitait. Il me donna ses coordonnées au bureau. A mon tour, je lui laissai le numéro de Léo. C'est à ce moment-là que le responsable s'insinua dans notre conversation. Il était hors de lui.

« Vous savez parfaitement que c'est interdit, éructa-t-il, vous êtes renvoyée, mademoiselle, il y a tout de même des limites à ne pas dépasser... »

Il ordonna à Puech d'interrompre la communication. Je ne cachai pas ma joie. Cataclysme chez Lolita : Rose brise l'anonymat — eût-elle perdu son hymen que le responsable n'aurait pas réagi autrement. J'étais répudiée. Il vint enlever le panonceau qui pendait à la poignée de ma porte vitrée, raya mon pseudonyme avec un gros feutre noir et écrivit au-dessus : *Dahlia*.

« Rose n'existe plus, cria-t-il, ouste, du balai, Rose est morte, et bon débarras. »

Gabriel Tournon était toujours au téléphone. « Laissez-moi vous parler, bafouillait-il, je porte l'entière responsabilité de cette conversation. » J'essayai de lui expliquer que ce n'était pas grave mais les aboiements du responsable couvraient ma voix. Les filles entrouvrirent leur porte, sournoisement, pas une ne prit ma défense. Lorsque le responsable fonça sur moi pour m'enlever le combiné des mains, elles les refermèrent. « Donne-moi ces feuilles immédiatement, articula-t-il, tu vas le regretter, donnez-moi ces papiers. »

Il oscillait entre la deuxième personne du singulier et celle du pluriel, enfin il réussit à m'arracher quelques pages de notes et les froissa avant de les lancer dans la corbeille. De temps à autre il hurlait « Coupez » à l'adresse de Puech, « Coupez » en gesticulant, comme un réalisateur caractériel, mais le film lui échappait, les acteurs ne répondaient plus à ses ordres : Puech se croisait les bras. Le responsable le traita d'homoncule, le standardiste descendit de sa chaise et le pria de répéter. Le responsable ajouta qu'il n'avait que faire de ce moustique reclassé par la maison mère et revint vers moi. Puech l'insulta sur les quatre lignes, « Vous ne méritez pas la station verticale », conclut-il. J'applaudis, enchantée, le combiné m'échappa des mains. Il pendait maintenant au bout de son fil, et de ses petits trous jaillissaient des menaces. « Si vous touchez à un mot de ce texte, disait Gabriel Tournon, vous aurez de mes nouvelles », et puis plus doucement il me demandait s'il existait une copie de ce que je venais de lui lire, répondez-moi, Rose, une copie ? Il dut entendre le bruit du papier déchiré, puis un cri aigu, j'avais profité de la concentration du responsable sur la mise en pièces d'une liasse de feuilles pour lui donner un coup de pied et m'échapper de la cabine. Puech me souhaita bonne chance. Enfin les filles étaient sorties. La nouvelle Linda, qui ne connaissait pas les tenants et les aboutissants de ces procédés barbares, agita discrètement les doigts en signe d'adieu.

Ainsi grâce à Gabriel Tournon j'obtins mon licenciement, sans indemnité certes, mais aussi sans préavis. Le lendemain matin, je lui téléphonai à son bureau pour le remercier. La voix suave d'une secrétaire me répondit, c'est alors que j'appris la profession de mon correspondant : Gabriel Tournon travaillait chez un éditeur. Il dirigeait une collection prestigieuse, et me fit promettre de ne dire à personne que nous nous étions rencontrés par l'entremise de Lolita. « Ce n'est pas le genre de la maison, expliqua-t-il, vous imaginez, une entreprise familiale... »

Oui, j'imaginais. Bien sûr, j'avais un double, la vie était assez compliquée comme ça. « Les rumeurs de moquette, ajouta-t-il encore, surtout en ce moment », puis il m'invita à Paris. J'acceptai. Il m'appelait toujours Rose. Il évoquait « notre projet », je trouvai drôle et charmant qu'il s'approprie mon histoire alors qu'il n'en savait pratiquement rien. Je décidai de mettre au propre mes notes avant d'entreprendre le voyage.

Lorsque je lui racontai la scène, Léo rit comme un enfant que l'on asperge d'eau fraîche. « Un éditeur, s'exclama-t-il, c'est tout toi, il fallait que tu tombes sur un éditeur... »

Il parlait un peu trop fort.

XX

Gabriel Tournon viendrait en personne me chercher à la gare de l'Est. Je tenais mon manuscrit serré contre moi, j'étais en avance, un train passa sans s'arrêter sur le quai d'en face. Je revis le traité de M. A. Pearl se cambrer sous les roues de la locomotive. Après trois années de gestation, pensai-je, quelque chose était né, et pourtant rien ne saignait. Ni coulée verdâtre, ni flaque rouge sur le sol de la cuisine, tout juste un peu d'encre sur le bout des doigts. Paul et Léo m'avaient accompagnée à la gare. Mon oncle me regardait comme si je n'allais jamais revenir. Le train arriva, Léo m'embrassa une dernière fois, les portières s'ouvrirent. Je trouvai sans peine une place non réservée dans un compartiment. A l'arrêt suivant, une femme brune s'installa en face de moi, près de la fenêtre. Elle sortit un livre de son sac. Je pensai à mon amie morte. Perle se promenait dans le parc du Petit-Leroy. Tout était prêt pour le vernissage de sa prochaine exposition. Les œuvres, accrochées par ordre chronologique, formaient un ensemble d'une belle cohérence. L'affiche représentait le tableau le plus ancien de cette rétrospective. Il s'intitulait *Cora*, et mettait en scène une petite fille nue, assise sur les marches d'un escalier en colimaçon. Seules certaines parties de son corps étaient figurées. Une raie au milieu parfaitement dessinée séparait ses cheveux en deux parties égales. Ils tombaient, un peu trop raides, autour d'un visage triangulaire. Avec tendresse et respect, Perle s'était attardée sur certains détails : une fossette au creux du genou, un pli à la naissance des bras, un grain de beauté, des sourcils fins, presque invisibles. Cora semblait attendre quelque chose. Ses yeux étaient grands ouverts, ils voulaient tout voir, tout comprendre — des yeux graves, si lumineux qu'ils vous donnaient envie de prendre la fillette par la main, et de l'enlever.

I.	Notre cerveau est une éponge gorgée de sang	11
II.	Si seulement au lieu de fermer les yeux...	14
III.	Faux plafond et toile cirée	26
IV.	Héminégligence (on comprend mal les causes de l')	35
V.	Où l'auteur nous prend pour des scarabées	48
VI.	La Providence s'appelle Josette	69
VII.	Un visage tout en nez s'incurve dans la lentille	82
VIII.	Bien lubrifiée, dis-je	98
IX.	L'hypnose n'est pas un jeu de société	106
X.	La spirale et le labyrinthe	126
XI.	L'essentiel de mon bonheur tenait en une phrase : depuis ma rencontre avec Katz, j'avais quelque chose à perdre	145
XII.	Un ecrasement sec	157
XIII.	Pedro arrive après les cuisses de grenouille, en nage	167
XIV.	Endormi ou remboursé (les ficelles du métier)	181
XV.	Un pistolet pointé vers nous	189
XVI.	« C'était une pâte molle, lisait-on, elle allait au vice comme à la vertu »	201
XVII.	L'invitée surprise	213
XVIII.	Katz me voulait nue, devant lui, sur la piste de danse	239
XIX.	Une petite tendresse avant de raccrocher	251
XX.	Se réveiller, mais de quel sommeil ?	274

Composition Bussière
et impression S.E.P.C.
à Saint-Amand (Cher), le 16 octobre 1992.
Dépôt légal : octobre 1992.
1er dépôt légal : juillet 1992.
Numéro d'imprimeur : 2136.
ISBN 2-07-072772-6./Imprimé en France.